Esta es la historia de un joven que fue salvo por Jesús

Federico A. Escoto

1 Corintios 1: 27, 28 y 29
*Sino que lo necio del mundo escogió
Dios, para avergonzar a los sabios; y
lo débil del mundo escogió Dios, para
avergonzar a lo fuerte; y lo vil del mundo
y lo menospreciado escogió Dios, y lo que
no es, para deshacer lo que es, a fin de
que nadie se jacte en su presencia. Amén.*

N
920
E 74   Escoto, Federico A.
            Esta es la historia de un joven que fue
        salvo por Jesús / Federico A. Escoto.--
        1a ed.-- Managua, 2014
                144 p. : fot.

            ISBN: 978-99964-0-301-9

            1. ESCOTO, FEDERICO A.-AUTOBIOGRAFIA
        2. CONVERSION 3. LITERATURA RELIGIOSA

Autor:
Federico A. Escoto

Cuidado de la Obra:
Federico A. Escoto

Fotografías:
Federico A. Escoto

Levantado de texto:
Federico A. Escoto

Diseño de Portada:
Mario J. Morales Jr.

Diseño & Diagramación:
Marvin Molina Marcia

Impresión:
Copy Express, S.A. 2,014

Contáctenos:
Ministerio SÓLO EN CRISTO
Correo Electrónico: soloencristo@yahoo.com

Dedicado
a la Novia de Cristo

Este libro es dedicado a la **NOVIA** del inmortal bendito, Jesús el Cristo, a la que está sentada sobre la Roca y no verá juicio, predestinada en Él, para reinar por los siglos de los siglos, amén.

Mateo 7:25
"Descendió lluvia, y vinieron ríos, y soplaron vientos, y golpearon contra aquella casa (La Novia); y no cayó, porque estaba fundada sobre la Roca."

Amén y Amén.

Contenido

Prólogo

Doy testimonio que la historia de amor en este libro, es verdadera. Cada detalle de su escrito es una enseñanza para hombres y mujeres que quieren encontrar perdón, paz, amor, y vida eterna. El amor de Cristo en esta historia ha sido grande y poderoso en gracia, perdón, y misericordia, habiendo unido para siempre una familia, a pesar de muchas adversidades, librándolos de toda angustia y tribulación; mostrando también el amor ágape de Cristo que fue derramado en un hombre hacia su esposa, haciendo una similitud del amor de Cristo hacia su iglesia.

"Descendió lluvia, y vinieron ríos, y soplaron vientos, y golpearon contra aquella casa; y no cayó, porque estaba fundada sobre la roca." (Mateo 7:25)

"Y sabemos que a los que aman a Dios, todas las cosas les ayudan a bien, esto es, a los que conforme a su propósito son llamados. Porque a los que antes conoció, también los predestinó para que fuesen hechos conformes a la imagen de su Hijo, para que él, sea el primogénito entre muchos hermanos. Y a los que predestinó, a éstos también llamó; y a los que llamó, a éstos también justificó; y a los que justificó, a éstos también glorificó. ¿Qué, pues, diremos a esto? **Si Dios es por nosotros, ¿Quién contra nosotros?"** *(Romanos 8: 28, 29,30 y 31)*

Innova Escoto, sierva y novia de Jesucristo

Prefacio

Evangelístico

Esta historia fue escrita para la gloria de Cristo, a fin que el mundo conozca que Jesucristo es el mismo ayer, y hoy, y por los siglos *(Hebreos 13:8);* pues de la misma manera que Jesús salvó al endemoniado gadareno hace dos mil años *(Lucas 8:26 al 39),* así también con gran amor y paciencia el Señor Jesús salvó al joven de este libro, el cual teniendo una vida lamentable y vergonzosa, el Señor se apiadó de él, salvándolo y restaurándolo a su juicio cabal, dándole un ministerio para anunciar al mundo cuan grandes cosas hizo Jesús con él.

Profético

Este libro también lleva una metáfora profética entre Cristo y su iglesia, sacada de la vida natural, para mostrarle a la iglesia de Cristo, cuan grande e incesante es su amor por ella, revelándole a su iglesia su precioso final, si escucha su voz, se arrepiente, y cena con **ÉL**.

> *Yo el autor de este libro declaro, que no soy digno*
> *de llevar este mensaje, mas me he esforzado y me*
> *esforzaré más por amor al que me salvó, me libertó,*
> *y me alegró mis días. Entendiendo que el Señor tiene*
> *siete mil hombres que no han doblado la rodilla a*
> *Baal, los cuales se han levantado ya, y se levantarán,*
> *de muchas maneras con este mismo mensaje final "y*
> *termina, en Cristo, en Cristo, Sólo en Cristo". Amén.*

Federico A. Escoto,
siervo y novia de Jesucristo

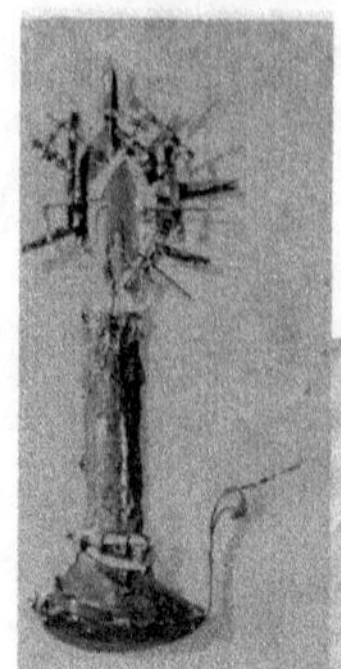

PRIMERAS COMUNIONES
DEL
COLEGIO CENTRO AMERICA

Bayardo Aguilar	Edwin Miranda
Francisco J. Alvarado	Vernon V. Morales
René Arana	Ramón Alberto Morgan
Humberto Arellano	Eugenio J. Murillo
Francisco J. Argüello	Guillermo Obregón
Víctor J. Arostegui	Juan Carlos Orozco
Alvaro A. Avilés	Alfredo Palazio
Iván Antonio Bryant	Julio R. Pallaviccini
Sergio Calderón	Carlos Perezmesa
Sergio R. Callejas	Alberto N. Quant
Enrique J. Castillo	Róger Quintana
Gabriel Cajina	Elías R. Ramírez
Clarence A. Chamorro	Reynaldo J. Ramírez
Luis M. Chamorro	Javier Robelo
Alfredo Chan	Danilo A. Román
Guillermo De la Rocha	Geanette Ruiz
Oscar D. Dubón	Giovanni Ruiz
Federico A. Escoto	César A. Sánchez
Juan Carlos Estrada	Erick Schaffer
Luciano García	Otto Schaffer
Mauricio J. Gómez	Ricardo Silva
Alejandro J. González	Franco Solórzano
Ernesto A. González	Hugo Solórzano
Francisco A. Gutiérrez	Manuel E. Taja
Alfredo C. Gutiérrez	Mauricio J. Torres
Roberto R. Loredo	Rigoberto J. Ugarte
Edmundo Martínez	Isidro Urtecho
Ernesto Fco. Martínez	Marco A. Vargas
José Tomás Masís	Sergio I. Vargas
Nicolás A. Medina	Alvaro Zamora
Constantino Mejía	Federico A. Zeledón

7 de Septiembre de 1975

REVELATION 3

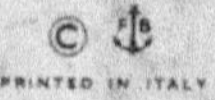

Capítulo I
Mi primera comunión

¡Papá, papá, despierta! ¡Hoy es mi primera comunión! Papá tenía tres horas de haber llegado totalmente ebrio, faltaban dos horas para empezar la ceremonia; en una iglesia católica, la iglesia San Sebastián, en Managua, Nicaragua. Papá despertó y saltó a la ducha, él me quería mucho y se dispuso al asunto.

La ceremonia fue una de las mejores en aquella ciudad, ya que asistía al mejor colegio "Católico Jesuita" de Nicaragua, el Colegio Centro América. Al llegar a la iglesia, mamá ya estaba esperándome allí. Al terminar la ceremonia todos fuimos al colegio a celebrar. Muchos compañeros de escuela estuvieron allí conmigo dando el segundo sacramento. Estando en el colegio celebrando, un cuadro lamentable empezó a desarrollarse; papá se paseaba solo a una corta distancia de nosotros, una amarga expresión de frustración y tristeza se podía ver en su rostro, se notaba que evitaba mirar el rostro de mamá, a su vez mamá se sentó en una grada que estaba por allí, y empezó a rogarnos a mi hermana y a mí, que le dijéramos a papá que la dejara regresar a casa con él, pues ella se había ido con otro hombre cuando yo tenía solamente seis años, y no le había ido bien. Mi hermana y yo vimos sus lágrimas, mas no nos atrevimos a decir nada a papá, pues temíamos que papá lo tomara a mal.

Yo, Federico A. Escoto nací en 1966 en Managua, Nicaragua. Mi padre era un brillante abogado con mucha entereza, muy querido y respetado en aquella sociedad. Mi madre una mujer joven, se casó a sus quince años con papá, el cual era diez años mayor que ella. Mamá tuvo tres hijos de mi padre, dos hijas y un hijo, el cual es el autor de este libro.

En aquella vieja sociedad, los hombres pudientes acostumbraban a mantener a sus esposas en casa, mientras ellos, después de trabajar se reunían para darle rienda suelta a una juerga desenfrenada con alcohol y mujeres para después regresar a casa a altas horas de la noche o quizás de madrugada y encontrar a sus esposas sirviendo la sopa caliente. Ellos daban por hecho que ellas iban a esperar hasta que ellos asentaran cabeza en el atardecer de sus días, y algún día reclamar ser los grandes pilares del hogar. Mi madre no supo esperar "ella brincó la cerca." Y aquel hogar de cinco se derrumbó, crean o no, en aquella ciudad el noventa y cinco por ciento de las mujeres se ajustaban a las normas de aquella noble sociedad.

Mi hermana menor se fue con mamá y mi hermana mayor y yo nos quedamos con papá. Recuerdo haber llorado mucho por mi madre, gracias a Dios tenía una abuela que me consolaba, ella era como un ángel de Dios para mí, pero no bastó su amor para compensar aquella pérdida. Mi padre quedó destruido, su dolor le duró como veinte años. Él empezó a manifestar una amarga frustración que aunque yo sé que me amaba mucho, no podía tratarme bien, me azotaba por cualquier travesura. Yo empecé a experimentar una depresión que me hizo desarrollar una conducta irresponsable, nada me importaba, era el peor estudiante de los mejores colegios, fui expulsado de ellos.

Mi hermana mayor y yo nos acompañábamos a llorar y lamentar aquella desgracia, mientras mi padre se acompañaba con una botella de Whisky Old Parr, sentado al pie del toca discos escuchando las operas de Alfredo Kraus (Pagliaccio y Catari) su tristeza pesaba mucho, se podía sentir por toda aquella casa, él trató de buscar otro amor y no podía encontrarlo, no tenía descanso, era grande su calamidad. Mi hermana mayor y yo además de nuestro sufrimiento, nos tuvimos que tragar el sufrimiento de papá, él nos había prohibido ver a mamá, era angustioso aquello.

Mamá comenzó a vernos a escondidas en los parques, en las calles, y a veces en la escuela. Cuando me decían ahí está tu mamá, sentía una inmensa alegría, yo corría hacia ella, ella venía cargada de regalos, juguetes y otras cosas. Ella siempre tuvo inclinación por mis hermanas, yo era un poco ignorado por ella, me hacia un cariñito en la cabeza y dedicaba todo su tiempo a mi hermana. A veces mamá llegaba no estando mi hermana en casa, y sólo yo salía a encontrarme con ella, al preguntarme por mi hermana, y saber que no estaba, mamá se despedía de mí, y se iba diciéndome, regresaré la próxima semana, yo caminaba tras ella diciendo, no te vayas, y ella insistía, regresaré la próxima semana.

A medida que el sufrimiento de mi padre iba creciendo, llegó a querer exterminar a toda la familia juntamente con él, quería enterrar este capítulo, muchas veces decía: "Iré allá, la mataré, mataré a mis hijos y por último me pegaré un semillazo en medio de los dos ojos." Una vez fuimos a casa de mamá; él, mi hermana mayor y yo, al llegar allá, nos quedamos afuera en el portal, papá venía armado con una escuadra (pistola) en la cintura, y gritó: "Dile a tu amante que salga", ese hombre era cobarde y no salió, nunca enfrentó a mi padre, siempre le tuvo miedo. Papá dijo: Tráiganme a mi hija menor, me la llevaré, mamá respondió de adentro, cálmate ya te la entregaré, mas ella salió armada con un revolver treinta y ocho sujetándolo con las dos manos, las manos le temblaban y exclamó: Vete o te mataré, no te la llevarás; mi hermana mayor corrió a cubrir el cuerpo de mi padre y yo el de mi madre, mi padre no pudo ni sacar su arma, ella estaba fuera de sí, papá solamente dijo: "Volveré con una ametralladora y los mataré a todos, todos vamos a morir" y marchándose él, mi hermana mayor y yo, lo seguimos y volvimos a casa.

Cuando llegamos allá, él se sentó a la puerta de la casa a coger aire fresco, mientras mi hermana y yo estábamos en el segundo piso de la casa en una habitación donde estaba el cartapacio de papá que contenía la pistola, sacando la pistola decíamos: Con esta pistola mañana nos van a matar, y lloramos juntos. Mis dos hermanas y yo quedamos marcados para siempre, con un corazón inseguro.

Después de esto, papá empezó a enfermarse de fiebres crónicas, él mismo se diagnosticaba las enfermedades y se auto medicaba, a veces decía tengo tifoidea y se hospitalizaba en casa, se colocaba un suero en la vena, hasta sentirse mejor. Él era un hombre incansable trabajando, le gustaba vivir bien. Le conocí mil novias de todos los colores, pero pasaban como la nada en su vida. Él había quedado marcado para siempre. Él era un hombre muy viril y fuerte, todo un caballero, un poco impulsivo un poco violento en su carácter, era explosivo. A pesar de todo esto, sentimos su gran amor, nos protegía con locura, éramos la niña de sus ojos, nos llevaba con él a pasear casi todos los fines de semana, a veces al cine, a veces al mar, donde él exhibía sus espaldas fornidas, como las de Charles Atlas, era alto y fuerte como un toro, para mí no había mejor hombre que él.

Papá, mi hermana mayor y yo extrañábamos mucho a mi hermana menor, muchas veces papá se abstuvo de verla para castigar a mamá. Esto trajo una tristeza profunda al corazón de mi hermana menor que la marcó para siempre, sin embargo él amaba a mi hermana menor con gran locura, cuando ella venía a casa, ella era la reina, lo que hiciera ella, estaba bien, él le decía: "Tú eres mi palomita y yo tu nido." Los años empezaron a correr y finalmente papá se casó con una mujer que estaba desquiciadamente enamorada de él.

Yo no quería estudiar, me escapaba de la escuela todos los días para ir a casa de mamá pidiendo jalón. Como resultado perdí el año escolar, mi hermana mayor también lo perdió, ella y yo estábamos temblando, teníamos terror del castigo de papá. Cuando el recibió la noticia de esto, él dejó pasar una semana, quizás estaba tomando aire para no acabar con nosotros, él era obsesionado con nuestros estudios, solía decirnos, ustedes son estudiantes, mañana, tarde y noche, o cuajan o revientan, al llegar el fin de esa semana, nos preguntó, ¿en qué fallé yo, para que hicieran esto? Nosotros enmudecimos y él nos dijo: Les doy una semana para que piensen y me den una respuesta, nosotros nos fuimos felices pensando que todo había acabado, una semana después regresamos con una excusa que no le pareció; él nos pegó la paliza del siglo, mi hermana regresó al mismo colegio, a mí decidió ponerme en un colegio público de pobres como castigo, pues me habían expulsado del colegio. No había pasado un mes cuando mamá intervino mandándole recados, diciendo que esto no era bueno, él entonces me sacó y me puso en otro colegio privado, este colegio era mixto, los otros en que había estado eran sólo de varones.

En una ocasión yo le pedí que me dejara ir a vivir con mamá, él me dijo: Si sacas buenas notas en la escuela, yo te dejaré ir a vivir con ella, él pensó, que esto era imposible y por eso, se arriesgo al negocio. Pasando unas semanas, yo traje el reporte de notas, la mayoría eran excelentes, cuando llegué a casa corrí donde mi abuela y le enseñé las notas, ella sabia de este negocio, entonces procedí a empacar mi ropa en una maleta, me fui a la sala a esperar que papá regresara del trabajo para decirle que me fuera a dejar donde mamá. Mi abuela entristeció, yo era como un hijo para ella, cuando papá llegó, yo le mostré las notas, él solo me abrazó, y me dijo: "Nunca te dejaré ir de mi lado." Yo me fui triste, aunque entendí que él me amaba mucho y me necesitaba para seguir viviendo.

Después mi vida cambió un poco, comencé a relacionarme con niñas en la escuela, me gustaban todas, era muy popular; invitaba a comer a todos mis amigos en la cafetería del colegio y cuando no tenía dinero para invitar, yo fiaba, y no teniendo como pagar le robaba a mi mamá cuando ella venía a verme, me subía a su auto en el asiento de atrás, mientras ella estaba ocupada hablando con mi hermana, yo sutilmente tomaba su cartera y sacaba buenas cantidades, lo suficiente para invitar a varios amigos y pagar las cuentas de la cafetería, inconscientemente buscaba llamar la atención a toda costa, tanto, que un día me desnudé en el aula para mostrar mis partes a las niñas de la escuela, esto trajo un escándalo, me querían expulsar de la escuela, afortunadamente papá estaba manejando un caso legal a favor de la escuela y él negoció con ellos para que no me sacaran y no perdiera otro año escolar, este era mi primer año en la secundaria.

Cuando llegó la revolución a Nicaragua (FSLN) unos meses después, papá cayó preso bajo investigación, pues había sido alto funcionario del gobierno de Somoza, expresidente de Nicaragua, no obstante dos años antes de la caída de Somoza, papá renunció a su puesto gubernamental, se dio cuenta que Somoza era un ladrón, escuché algunas veces a papá gritando en la mesa de comer en casa: "Somoza es un ladrón, esto chorrea sangre, han explotado al campesino y le han quitado sus tierras". Papá me contó que visitó a algunos ministros del gobierno de Somoza, los cuales eran amigos íntimos de él y les expuso el caso queriéndoles traer a conciencia, mas ellos no lo escucharon, sin embargo, él tenía que ser investigado por la revolución, estuvo preso setenta días en el Bunker (cárcel en Nicaragua) papá envió un mensaje por teléfono a través de una monja diciendo que fuéramos a casa de mamá hasta que él saliera de la cárcel, lo cual hicimos.

En casa de mamá todo era diferente, era una nueva administración, el manejo ortodoxo de papá y mi abuela había desaparecido, aquí, todo era un bacanal, era fiesta casi todos los días, mamá vivía sola con mi hermana menor, pues había terminado con aquella relación. En esta casa no había orden, mamá era como un adolescente más, igual que nosotros, parecía que se había estancado su adolescencia a los quince años y no había madurado, había sido víctima de muchas circunstancias, ella estaba marcada, siendo bella no encontraba quien la valorara, había caído como una maldición sobre su vida, se enamoraba y todos la dejaban; para entonces yo dejé totalmente la escuela, me dediqué a beber alcohol con sólo trece años de edad, desarrollé un demonio de cleptomanía, me había convertido en un ladrón para pagar mis fiestas, sólo robaba en mi propia casa.

Hacía excursiones a casa de papá que estaba abandonada e hice de la casa un bazar, vendí la ropa, adornos y todo lo que encontraba, llenaba mis bolsillos y me iba de fiesta. Cuando regresaba a casa me encontraba con amigos de mamá, que me preguntaban por ella, ésto humillaba profundamente mi corazón, me sentía impotente, sentía un sentimiento de venganza contra ella por todo esto. En muchas ocasiones le robé todo su sueldo y me iba a un pueblo llamado León a beber alcohol (guaro) yo rodaba por las calles, el dinero me duraba hasta un mes. Yo la amaba y quería destruirla a la vez, pues, a mi escasa edad no podía entender que ella era una víctima de muchas circunstancias en este mundo.

Papá salió de la cárcel al cabo de setenta días, no había matado a nadie, la revolución lo dejó ir, sin embargo no se sentía libre por sus ideas liberales, pues pertenecía al partido liberal, opuesto al Sandinismo, los setenta días lo dejaron traumatizado, un comandante en jefe de los nueve de la revolución vivía frente a la casa, esto lo incomodaba.

En esos días aprendí a conducir en el automóvil de mamá, esto me gustó mucho, me daba libertad, me robaba el carro de mamá todos los días, me había vuelto insoportable, vendía todo lo que encontraba en la casa de mamá, reponían las cosas y las volvía a robar, era un enfermo, un ladrón empedernido, no obedecía a nadie.

Papá trató de enderezarme cuando salió de la cárcel, ya era imposible, él viéndose impotente usó de violencia conmigo, con dos candados me encadenaba desnudo en el patio de su casa y me decía, te voy a dar palo, mañana, tarde y noche, y así lo hacia, esto no cambiaba nada, me ponía más rebelde cada día. Estando encadenado en varias ocasiones logré escaparme, tomando un adorno de hierro de la casa, quebrando uno de los candados, el que estaba en la pared, huía con la cadena colgando de mi pie a una cerrajería, ofreciendo regalar la cadena si me abrían el otro candado, esto le hacía el día al cerrajero, pues la economía no era muy buena. Varias veces mamá me mandó a la cárcel con solo catorce años, donde me ponían con todos los hombres adultos, criminales y asesinos, esto me asustó mucho, sentí que se rompió una barrera en mi corazón, me hice insensible. Ahora estaba listo para ser uno de ellos, me volví un monstruo, ya era todo un criminal a mis catorce años.

Un día de tantos tomé el carro de mamá, sintonicé la radio y subiendo todo el volumen escuchaba el grupo de rock Kiss, la canción, I was made to love you baby. Eché el carro a correr a todo lo que daba, perdí el control cuando vi un autobús que doblaba viniendo en contra mía, al frenar me di vuelta, estrellándome contra un poste de luz. Enseguida se agolpó la multitud alrededor del carro y al verlo boca abajo le dieron vuelta, yo tenía el cuello cortado con el cristal del para brisas, enseguida vino la ambulancia, me inmovilizaron todo el cuerpo, mis músculos del cuello se tensaron, ya no podía casi respirar, llegando al hospital descubrieron que estaba desnucado, se me había quebrado la segunda vértebra cervical, enseguida mis padres llegaron, les dijeron que no podían ni moverme, que esto era muy delicado, un sólo movimiento me podía dejar parapléjico para toda la vida. Afortunadamente, un doctor graduado en los Estados Unidos, muy amigo de la familia, acudió a mi auxilio, se hizo cargo del asunto, me intervino de inmediato y me hizo una tracción cervical, tuve que estar descansando dos meses inmovilizado en el hospital. Al pasar los dos meses, me quitaron la tracción cervical, me dijeron que me pusiera en pie, lo cual logré, mas no pude caminar bien, solamente tenía vida en los talones, la mitad de mis pies estaban muertos, los médicos dijeron que era muy afortunado de poderme parar, tenía que quedarme dos meses más en terapia en el hospital, mas no queriendo escapé del hospital yéndome en un taxi, tenía que usar un cuello cervical por seis meses, un mes después lo tiré en la basura.

Estando en casa viéndome que no podía caminar, no me di por vencido, enseguida comencé a empujarme de una pared a otra por media hora, produciendo que se despertaran los nervios de las plantas de mis pies, esto lo hice por un mes, hasta recuperar el movimiento total. Siempre tuve un misterioso sentimiento de que alguien me cuidaba desde los cielos.

Después que probé la supuesta libertad en casa de mamá, nunca regresé a casa de mi padre; pasando como dos años después de la revolución, papá tuvo que vender su casa forzosamente por un precio que no le agradó, su casa valía cuatro veces más, pero no tuvo otra opción. Él quería irse del país. En esos días saquearon la casa de un amigo de mi padre y conociendo él, que yo era ladrón y vago, me echó la culpa y mi padre le creyó, ésta vez no había sido yo, sin embargo, me trajo graves problemas.

Tratando de irme lejos y escapar del castigo de mi padre, me robé unos dólares de casa de mamá y por esto terminé en la cárcel otra vez, enterándose papá, fue a visitarme a la cárcel y pidió al jefe de la estación verme, enseguida me fueron a buscar a la celda y fui traído delante de él, cuando él me vio se sacó el cinto y empezó a azotarme, viendo aquello los policías, le agarraron el cinto forcejeando con él, y le decían, no puedes pegarle en este lugar, ni ante nosotros, mas él replicaba: Yo soy su padre, yo puedo hacerlo, ellos contestaron, tú te quedarás y él se irá, entonces ellos me soltaron y me dejaron libre, al salir de allí, caminé media calle y allí me quedé esperando por papá hasta que salió, para cerciorarme que no le pasara nada. Cuando él vio que le había esperado, se calmó y me dijo, ¿qué prefieres? ¿Qué te deje preso por las cosas que te robaste en casa de mi amigo o irte a los Estados Unidos? Aunque yo no era culpable de este robo, no podía probarlo, papá no me creía, yo acepté su propuesta, sonaba como una maravilla, fuimos directo a una agencia a comprar el pasaje, pues tenía ya, visa americana.

El maravilloso plan de papá era mandarme a California donde un vago y callejero amigo mío, el cual se había ido ya para los Estados Unidos. Nos pusimos en contacto con él, aceptó de buena gana. Papá iba también a los Estados Unidos, él a Miami y yo a California. Papá se iba a reunir con su segunda esposa, mi madrastra. Antes de irme mamá me dio ciento cincuenta dólares y me dijo, que no lo sepa tu papá, para que no te de menos dinero para tu viaje. Durante el viaje en el avión papá iba aconsejándome, y riendo decía, escala alto, cásate con una venezolana petrolera.

Al llegar a Miami, su esposa nos estaba esperando, ella tenía una habitación de un hotel preparada para él. Papá y yo estábamos muy cansados eran como las diez de la noche, ella rehusó a que yo me quedara ni tan solo una noche, pues estorbaba su encuentro de luna de miel, y llamando por teléfono a la central de buses de la Grey Hound en el downtown de Miami, se encontró que un autobús salía a las doce de la media noche de ese mismo día, papá no quería, pero no tuvo otra opción, procedieron a llevarme, y entregándome doscientos dólares me despidió en la puerta del autobús y me dijo: tú eres mi tigre, pórtate bien, yo tenía entonces dieciséis años.

Partí sólo con mis trescientos cincuenta dólares, los ciento cincuenta que mamá me dio más los doscientos de papá, el viaje duró tres días y medio, me comí cincuenta dólares durante el viaje, cuando llegué mi gran amigo Silvido me estaba esperando, y partimos juntos de la Grey Hound del downtown de Los Ángeles California, tomamos un autobús, y llegamos a su estudio, él me preguntó, ¿cuánto traes? Yo le dije, trescientos dólares, él me dijo: son pocos, pero yo te ayudaré, él trabajaba parqueando carros, y no le habían pagado. Cuando llegaba la noche él me sacaba a las discotecas, no teniendo él dinero, yo tenía que pagar, en una semana, se acabó mi dinero, enseguida comenzamos a buscar trabajo para mí, dado a que tenía sólo dieciséis años y sin papeles, era un poquito difícil.

Pasando un mes, al no encontrar trabajo, me tuve que ir de su casa, saliendo con mi maleta encontré una gasolinera donde vendí mi ropa. Habían unos hispanos que trabajaban en la gasolinera, a los cuales les conté mi difícil situación, estaba solo en el mundo, ellos me acogieron dándome unos cartones para dormir en ellos dentro del garaje de la mecánica de la gasolinera, tenía que despertarme antes de la cinco de la mañana, porque el dueño entraba a esa hora. El frío era terrible, muchas veces, ellos me llevaban a sus casas para que me bañara, pero no me podía quedar con ellos porque eran casados y vivían en pequeños estudios, la cosa iba a estar apretada.

Tuve que permanecer en los cartones, sufrí mucho en aquellos días. Al levantarme del piso de la gasolinera a las cinco de la mañana, me iba acostar a un pasillo de un edificio de apartamentos, en una ocasión una anciana salió de su apartamento y me encontró dormido, y me agarró a patadas en la cara, y decía: Lárgate, lárgate, mendigo, aquello me impresionó, no por las patadas, sino porque no conocía ese tipo de conducta y poca calidad humana ya que era una anciana y yo estaba acostumbrado a mi abuela, la cual era como un ángel de Dios, esto me dejó pensando por un tiempo, no podía olvidar la dureza de aquella anciana blanca y arrugada.

No pudiendo ir más al pasillo a dormir, encontré un auto abandonado en un solar vacío, el carro era un nido de ratas. Un día me quedé en el durmiendo toda la mañana hasta llegar la noche, me cayó el sol y luego el frío y no comí en todo el día, cuando desperté quería suicidarme con unos cristales que estaban en el auto, grité, grité y grité; me estaba volviendo loco, siempre una fuerza misteriosa me consolaba y me sacaba de todos los problemas. Gracias a Dios uno de los hispanos de la gasolinera, que parecía muy serio en su trato, no me dejaba morir, siempre me preguntaba, ¿ya comiste? Y me daba un par de pesos para comer, ¡cuánto apreciaba yo este amigo! Finalmente me conseguí un trabajo lavando carros por unos días, al pasar como seis meses, este amigo me dijo: dame el número de teléfono de tu papá en Miami, se lo di, y él llamando por teléfono lo amenazó diciendo: si no recoges a tu hijo, te voy a acusar con la juvenil, porque yo era menor de edad. Entonces papá decidió mandar un pasaje que me entregaron en la Grey Hound, pero no añadió ni un peso para mi comida en el camino, abordando el autobús, me fui de regreso a Miami.

Gracias a Dios había un pasajero al lado mío, que viendo que pasaban las horas y yo no tenía nada de comer, compartía su comida conmigo, Dios estuvo allí, cada vez en mis malas pasadas Dios siempre estuvo allí para ayudarme. Llegué a Miami, allí estaba papá con mi madrastra, me recibieron muy bien, al cabo de dos semanas, papá mandó a traer a mi hermana menor, la cual llegó de Nicaragua. Inconscientemente, yo estaba resentido con papá y mi madrastra, me sentía aburrido, aquello era monótono, mi vida no podía aquietarse, el ritmo de mi alma estaba alterado, yo tenía que vagar.

Pasando un mes convencí a mi hermana que nos regresáramos escondidos a Nicaragua, y ella consintió conmigo, porque extrañaba mucho a su novio, el cual se había quedado terminando sus estudios de bachillerato. Prontamente agarré un juego de maletas caras, que eran de mi madrastra, metí en ellas casi toda la ropa y perfumes de ella. Al llegar a Nicaragua regresamos a casa de mamá, todo era un bacanal, fiestas por ahí, fiestas por allá. No regresé a la escuela, me dediqué a ir a los clubes, a los cuales empecé a ir desde mis trece años, aunque ahora tenía dieciséis, solía pagar a los porteros un dinero extra, para poder entrar, pues era menor de edad y algunas veces les llevaba la ropa de mi abuelo, y ellos quedaban encantados, yo era **VIP**.

Me volví muy promiscuo, me enloquecían las mujeres, pero nunca me enamoraba, ni siquiera un milímetro, era solamente emocional (sexual).

Pasando tres meses, papá se dispuso a traer a mi abuela y a mi hermana mayor a Miami; llegaron a sus oídos las noticias de mi vida perdida, él me quiso dar otra oportunidad, mandó a decirme, si quieres estudiar y portarte bien yo te mandaré el pasaje para que regreses con tu abuela y tu hermana a Miami. Esto me pareció muy bien, y despidiéndome de mamá y mi hermana menor, partí para Miami nuevamente, esta vez acompañado de mi abuela y mi hermana mayor. Era un 23 de diciembre de 1982. Papá me recibió con los brazos abiertos, él quería perdonarme ampliamente, y no sabiendo como hacerlo, se emborrachó conmigo y bebimos hasta el amanecer, terminamos juntos vomitando.

Mi hermana y yo empezamos la escuela, asistíamos al décimo grado. Mi madrastra estaba en estado de embarazo, ella era de esas mujeres que

17

se descomponen de carácter cuando están en cinta, vivía furiosa, parecía que mi hermana y yo le éramos insoportables. Sintiendo su rechazo soñábamos con irnos de la casa, mi hermana tenía un novio el cual vino de Nicaragua. Esto la hizo pasar un mejor rato por un tiempo, un día decidió casarse a escondidas de la familia, sólo yo la acompañé, pues nadie lo sabía. Nuestra vida se había vuelto insoportable en aquella casa, yo dejé la escuela, mi papá me golpeó con sus puños fuertemente por esta causa, y no pudiendo hacer nada me buscó un trabajo en una cafetería, el manager era un amigo de papá, habían acordado que mi cheque se lo daría a él, esto lo hizo para disciplinarme, mas cuando llegó el pago, el dueño de la cafetería rehusó dárselo a él y me lo dio a mí, mi padre se sintió burlado y tuve un gran problema con él.

Pasando un tiempo, mi hermana confesó su oculto casamiento y enfadándose mi padre, nos echó a mi cuñado y a mí. Un día después ella se fue tras nosotros, encontramos un pariente de mi cuñado que nos dio albergue, mi cuñado y yo encontramos trabajo haciendo techos de casas, no duramos mucho, pues la competencia era fuerte, no teníamos experiencia, ni deseos de aprender, éramos un par de vagos, mi hermana tuvo que regresar a casa de papá y él la recibió de buena gana.

En esos días nuevamente mi hermana menor vino de Nicaragua a vivir a casa de papá. Mi cuñado y yo quedamos errantes, y sin trabajo. Su pariente también nos había echado. Pasé dos semanas en la calle, para entonces gracias a Dios mamá vino de Nicaragua, esto fue grandioso, ella recogió de la calle a mi cuñado y a mí y de la casa de mi padre a mis dos hermanas, mamá traía sus ahorros, ella sostenía toda la casa. Nos inducía a trabajar, y encontrando un trabajo de bus boy (ayudante de camarero) en un restaurante de carnes, sólo duré muy poco, me desemplearon por causa de la mala temporada, mamá trató de recuperar mi trabajo con unas amistades, pero no se pudo, prontamente comencé a tener muchos problemas con mamá de todo tipo. Yo no la toleraba, ni ella a mí, la amaba pero no me gustaba su vida.

Me hice de unas amistades, los cuales eran hombres mayores que yo, como de treinta años que concurrían a la piscina del edificio donde yo vivía, pues esta piscina era la más grande de toda la vecindad, allí se reunía toda la lacra, los adictos a la coca y marihuana; ellos vieron en mí un potencial, notaron que yo me atrevía a todo, pues sin duda yo buscaba atención, estaba dispuesto a pagar el precio de un afecto. Determinadamente me comenzaron a llevar a las casas para saquearlas, ponían un desatornillador en mi mano y me decían, entra, te esperamos afuera, yo nunca había robado fuera de mi propia casa, pero ahora lo hacía, tenía diecisiete años, estaba listo para mi nueva carrera.

Entraba a las casas arriesgando mi vida, desconectaba rápidamente los aparatos eléctricos, y los ponía fuera de la puerta, registraba gavetas y armarios en busca de algo de valor, hasta limpiar la casa, llenando el automóvil, nos íbamos con el botín, ellos me daban cien dólares por todo y regalándome un gramo de cocaína, me decían: ¡Tú eres el monstruo, tú eres la bestia! Esto le dio sentido a mi vida; por primera vez me sentía halagado, cada mañana yo estaba listo para saquear tres casas, siempre me quedaba con las pistolas que encontraba en las casas, ahora yo estaba armado, las armas me gustaban, me daban un sentimiento de poder. Empecé con una treinta y ocho en la cintura, después una cuarenta y cinco, después tuve un arsenal de armas, escopetas, etc.

Súbitamente empecé a usar cocaína, la marihuana nunca me gustó, para mí era aburrida y estúpida. Mi primer asalto a mano armada fue con una carabina M-1, me abotoné el cuello de la camisa, abotoné los puños y entrando, dije: nadie se mueva ¿dónde esta el dinero y la cocaína? En aquellos entonces, la droga reinaba en la Florida. La cede del narcotráfico estaba allí, era el primer puerto de entrada, el setenta por ciento de la población en Miami vendía cocaína (traqueteaba) hombres y mujeres que parecían decentes tenían este estilo de vida, aun la policía estaba corrupta. Uno de mis compinches de un rango más alto de criminalidad me reclutó para robar carros, y enseguida me enfilé, era fantástico, me llevaba los carros de los valet parking, buscaba las llaves en las tablillas mientras los aparca-coches estaban distraídos, las llaves traían la numeración que coincidía con el cartón que estaba colgando en los retrovisores de los carros, encontrando el carro, le daba rienda suelta hasta llegar donde los mafiosos que los recibían y me pagaban al instante, me daban setecientos dólares y una onza de cocaína, algunas veces me salía con las mías y me podía llevar los autos de la agencia nuevos de paquete.

Un día venía de pasajero en un auto robado conducido por uno de mis grandes amigos, al cual le decían cara de gallo, estábamos buscando un Mercedes Benz 300 Turbo Diesel, yo iba acompañado con un revólver 357 en la mano, de pronto nos pareció encontrar el auto que nos habían encargado, al instante paramos, y con pistola en mano me dispuse a bajarme del carro. Levantando mis ojos hacia un costado pude notar dos hombres vestidos de corbata que hablaban, ellos al verme se asombraron y contorsionando sus cuerpos alcanzaron sus armas con las manos, rápidamente como una bala yo me regresé al carro y le dije a mi amigo, corre que estos son policías, él le dio al gas y comenzamos a correr, no pasamos tres calles cuando venía un carro de policía encubierto con la luz encendida tras nosotros, tuvimos que parar y ellos bajándose del auto apresuradamente, nos encañonaron, yo escondí mi pistola debajo del asiento, estando en pie a mi ventana uno de los policías con una pistola cuarenta y cinco en la mano poniéndola en mi cabeza me decía: ¿Dónde está tu pistola? Yo dije que no tenía, entonces nos sacaron del auto, nos registraron todo el cuerpo y no encontraron nada, después comenzaron muchos policías a registrar el carro y tan poco encontraban nada, la pistola había desaparecido, mi gran amigo, me decía: diles dónde está la pistola, diles que es tuya, yo no quiero coger este cargo. Llamando él a un policía, lo guió a donde estaba la pistola, los dos fuimos arrestados, dos días después salí de la cárcel, bajo la palabra de mamá, ella me fue a sacar y me trajo a casa, tenía que presentarme a corte en un mes.

Yo asistí a la primera cita, pero no fui a la segunda, porque tuve miedo que me dejaran preso, pues, aunque este caso era una tontería, yo estaba joven y no entendía como la corte procedería y pensando que la cosa se podía complicar, no volví más a corte y el caso quedó abierto y el juez mandó por mí. Sabiendo que la policía vendría, yo me fui de la casa de mamá. Ahora yo estaba en la calle sin mamá y sin amigos, prontamente me robé otro carro, y comencé a robar casas como antes.

En una ocasión fui a casa de mamá a comer y estando allí, golpearon a la puerta, era la manager del edificio de los apartamentos, ella me dijo, déjame pasar. ¿Cuál es el baño que está roto, para mandártelo arreglar? Al instante yo supe que era una trampa, como vivía en un cuarto piso, me adelante hacia al balcón y mirando hacia abajo, pude ver a los policías con armas en sus manos en el piso de abajo, el parqueo, yo corrí adentro de la casa hacia el balcón de atrás y mirando hacia abajo me di cuenta que estaba rodeado de otros policías que también estaban con arma en mano, y corriendo salí del apartamento hacia el pasillo y doblando hacia la izquierda corrí a encontrarme con las barandas del balcón del cuarto piso que daban a la piscina, y desde allí, me descolgué hasta abajo, y tocando tierra, me eché a correr. Todo aquel círculo de delincuentes estaba en la piscina fumando marihuana y tomando cerveza como usualmente lo hacían.

Desde aquel día yo me volví famoso por esta hazaña, me llamaban el hombre araña, pues me bajé del cuarto piso de balcón en balcón usando solamente las manos, caí parado, y había burlado a la policía. Mientras corría con toda mi fuerza me acordé, que tenía un auto robado a trescientos metros del apartamento de mamá y fui a cogerlo, las llaves estaban debajo de la alfombra, yo las ponía allí a propósito para una ocasión como ésta, ya que mi mente era criminal. Media hora después estaba en un restaurante llamado El Torito, tomándome una margarita, en aquel tiempo yo disfrutaba de muchas tarjetas de crédito y chequeras robadas, esto me obligó a alejarme de la casa de mi madre completamente; tenía que sobrevivir de la única manera que conocía.

Mi personalidad fue cambiando, ya no era el niño que podían manipular aquellos hombres criminales mayores de edad, ahora yo estando armado, me les imponía y a fuerza de cañón quería el respeto de ellos, les tenía un resentimiento inconsciente, porque sabía dentro de mí que me habían usado, pues aún cuando vendíamos el botín que salía de las casas robadas me daban una limosna.

En aquellos entonces, mucha gente que trabajaba expidiendo registraciones en las oficinas donde se registraban los carros, recibían dinero sobre carros robados, que viniendo de otro estado, les borraban el reporte del robo y lo registraban en la Florida. Yo usaba uno de estos, era un Datsun 280 ZX deportivo, el carro era bien rápido, me era fácil escapar siempre en él, patroliaba todas las calles buscando dinero.

Un día de tantos la policía me trató de parar por el downtown de Miami y corriéndome de ellos, me perseguían, se juntaron como veinte patrullas, yo corrí en medio de las dos líneas de la calle Biscayne Blvd. me estrellé contra un carro que cruzaba, pues me venía llevando todas las luces rojas a cien millas por hora, saliendo del carro, huí a pie. Corrí como tres calles y entrando en una casa, les dije: ¡ayúdenme! ¡ayúdenme! No me entreguen. La mujer de la casa estaba con su vecino, ella era casada, su esposo estaba trabajando, y ella para no ser descubierta de su compañía por los vecinos, consintió en refugiarme, y los dos corriendo juntos me lavaron una herida que traía en la cara, que recibí en el impacto del choque.

Me acostaron en un sofá, había perdido mucha sangre, necesitaba descansar, me taparon con una frazada, al momento la policía tenía rodeada toda la manzana, me incorporé para ver por una ventana y vi un furioso K-9 (perro policía) que se ahogaba de furia, él sabía que yo estaba allí. Los policías tocaron a la puerta y preguntaron, ¿han visto un hombre por los alrededores? Ella negando dijo que no, el frustrado perro no pudo llevar a cabo su acertado hallazgo, pues él si me había detectado, estuve allí hasta el amanecer, el hombre que estaba con ella se quedó allí. Cuando llegó el día siguiente como a las seis de la mañana, el vecino que estaba con ella me dijo: te tienes que ir porque el esposo de ella viene a las siete y media de la mañana, ellos llamaron un taxi, y saliendo vendado, me fui en el. Cuando llegué a mi destino (al trabajo de mamá) ella pagó el taxi, pues no sabía dónde vivía mamá, ya que se había mudado en esos días y había perdido el contacto con ella, mamá me llevó en su auto hasta su casa, entonces descontinué mi vida criminal y me calmé por un tiempo.

Una gran depresión vino a mi vida en esos días, pues sentía que no había razón para seguir viviendo, gracias a Dios me consolé con el niño que había nacido a mi hermana menor, yo ayudé a criarlo en sus primeros meses, no económicamente, sino cargándolo, dándole el biberón, cambiándole los pañales, bañándolo, etc. Esto me ayudó mucho, pues volvió a darle sentido a mi vida.

Pronto encontré un viejo amigo el cual era menor que yo (le decían *el Gongue*) lo había conocido desde Nicaragua, él era muy fuerte y también tenía muchos problemas desde su niñez.

La Novia

Capítulo II
La Novia

Un día de tantos, salí con mi amigo *(el Gongue)* a un club llamado El Escuadrón y estando bailando con una mujer, divisé una niña muy bella, cubana de descendencia asturiana, pareció como un ángel a mis ojos, ella estaba vestida con un overol blanco, enseguida dejé de bailar y fui donde ella y la saqué a bailar, y ella bailó, hablamos muy poco, le pedí su número de teléfono, dijo que no podía dármelo, que yo le diera el mío, y yo se lo di. Cuando se fue, salí a despedirla hasta su auto, pues ella se fue temprano, y tomándole la mano, se la besé, mi corazón quedó ligado a ella, no podía dejar de recordarla, ella era mi gusto perfecto, blanca, alta, con pelo largo color café, con cara angelical, no era sexy, sino pura, tenía la dulzura de Dios, su distinción sobrepasaba a todas.

Una semana después, la encontré bailando con un muchacho en el mismo club, y arrojándome a la pista le dije a él, deja de bailar con mi novia, ella replicó, ¿por qué tú mientes, chico? Entonces me retracté, y pensé que la había perdido. Una semana después estando un poco triste, mamá me dijo; te llamó una muchacha y te dejó un número de teléfono, yo supe que era ella, esto me devolvió las ganas de vivir, unos días antes, yo había investigado sobre ella, conseguí el álbum de la memoria escolar donde aparecen las fotos de todos los estudiantes, pues ella me había dicho cuando la conocí en que escuela estaba, allí estaba su nombre y su foto, tenía un nombre único (Innova) su nombre traducido significa renuevo, renovación, es decir **"NUEVA"**. Enseguida la llamé y le dije su verdadero nombre, pues ella me había dado su apodo, ella respondió, ¿cómo tú sabes mi nombre? Yo, jugando con ella, le dije: contraté un investigador privado y ahora te estoy viendo por la ventana de tu casa, ella se asustó y me dijo, ¿qué ropa tengo puesta? Entonces le declaré que era una broma. Enseguida me dio su dirección y me dijo que la fuera a ver por la noche. Cuando llegó la noche yo fui a verla, ella me recibió con mucho afecto, nos besamos y nos abrasamos, fue rápida la visita. Ahora tenía novia, mil mujeres habían pasado por mi vida, pero sólo ésta entró en mi corazón, desde entonces yo supe, que este era, y es, mi único y gran amor, nunca hubo duda de esto. Yo me enamoré de ella con todo mi corazón; comencé a visitarla día tras día.

En ese entonces dejé de ver a mi amigo el Gongue y empecé a relacionarme con unos viejos amigos que habían sido mis vecinos en Nicaragua, uno de ellos era el esposo de mi hermana mayor y el otro era su hermano; ellos no eran delincuentes, pero si eran borrachos, comencé a tomar todos los fines de semana, ellos eran de las grandes ligas en el alcohol, yo también usaba drogas (cocaína) por alguna razón, las drogas nunca pudieron hacer nido en mí, ni aún el alcohol.

Pasando los días, comencé a percibir que el corazón de mi novia era completamente diferente a las mujeres que yo había conocido, se parecía al corazón de mi abuela, pues mi abuela tenía una virtud desmedida, se había quedado viuda, y nunca se volvió a casar, cada vez que miraba un mendigo en la calle, ella lo socorría y le daba de comer, siempre perdonaba al que la ofendía, y tenía un pudor y castidad nunca antes visto, mi novia tenía un parecido a ella en su vida, esto era natural en ella.

Sin embargo, su familia, tenía una naturaleza opuesta a la de ella, tenía una hermana muy parecida físicamente, pero eran polos opuestos. El proceder de mi novia hizo que me enamorara más de ella, pues su vida era el contraste de mi horrible vida, yo era un pobre criminal, no tenía moral, pero algo en mí, admiraba la virtud de Innova, era como un abismo que atraía a otro abismo. El efecto de este amor en cierta forma, empezó a cambiar mi vida, comencé arreglar mis problemas legales.

Un día de tantos la policía rodeó la casa de mamá y tocando duro la puerta, decían: policía, policía, abran la puerta, y corriendo me metí debajo de un sofá que había previamente preparado para una ocasión como ésta, mamá, se sentó rápidamente en el sofá con el bebé de mi hermana menor en sus brazos, y llorando les decía: ¿Qué pasa? ¿Qué pasa? ¿Le a pasado algo a mi hijo? Ellos le dijeron, no, solamente lo estamos buscando para arrestarlo, pues el juez nos a enviado, mamá les dijo que no sabía dónde estaba, ellos teniendo compasión de ella, le dijeron, ¡cálmese! ¡cálmese! que lo vamos a ayudar, él es muy joven, dile que se entregue a nosotros voluntariamente, y lo recomendaremos en bien delante del juez para que le den un programa de probatoria y así, quede libre portándose bien.

Unas semanas después, consideré el asunto, pues no quería perjudicar mi noviazgo y accedí a esta buena propuesta. El juez me concedió el maravilloso programa dejándome con el record limpio y en probatoria por seis meses, sólo duré dos meses, pues siendo tan irresponsable no encontré trabajo, por no decir que no busqué, y no pudiendo pagar la cuota del programa, me lo revocaron, los cargos volvieron al juez, y el juez me puso orden de arresto, los cargos revivieron otra vez, pero como mi mamá había cambiado de domicilio nuevamente, la policía no tenía mi nueva dirección, así es que, no me habían podido arrestar.

Un tiempo después, saqué a mi novia a comer a un restaurante, pensamos en estar juntos, pero no sucedió, días después salimos a bailar y sin planearlo estuvimos juntos, ella era virgen y tenía dieciséis años yo tenía dieciocho, yo le di instrucciones que no le dijera esto a nadie, sino que esperara hasta el día siguiente, pues yo iría a pedirla para casarnos, ese día yo le conté todo mi triste pasado, ahora sentía que ella era la razón de mi vida, la dejé en su casa y me fui a la mía.

Sentados sobre la Roca

Al día siguiente, despertando en mi casa, tenía un gozo inmenso, desde aquel día fue perpetuada una marca en mi alma que nunca se quitará. Innova y yo hablamos por teléfono, me dijo que le había contado todo a su mamá, también me dijo que su mamá me estaba esperando, yo fui a encontrarme con ella, su papá no vivía con ella, pues Innova también era hija de padres divorciados. Cuando entré en su casa, encontré a su mamá sentada en un sofá, y quedando su mamá y yo a solas en la sala de la casa, ella dijo: " No te quiero volver a ver, aquí terminó todo," inmediatamente me incliné a su lado y le dije: " yo amo a tu hija, yo me quiero casar con ella, no a sido mi intención hacerle dañó," ella replicó: "no" todo a terminado, yo le dije: ¡Pero ahora ella no es virgen! ¿Qué vas a hacer? Ella dijo: eso no importa, no vuelvas más.

Mi novia estaba esperando a fuera, cuando salí le pregunté ¿Quieres seguir siendo mi novia? Ella respondió ¿Y ahora cómo? Si no se puede, entonces rasgué mi camisa en dos y encontrando una piedra que estaba allí afuera de la puerta, me senté sobre ella y tirando de la mano de Innova la acerqué hacia mí, sentándola sobre mis piernas y cruzando mis manos alrededor de su cintura le dije: ¿Quieres ser mi novia? Y ella respondió "si" yo mirando hacia la piedra, exclamé: **ESTA PIEDRA ES TESTIGO QUE TÚ Y YO, NOS VAMOS A CASAR Y NUNCA NOS VAMOS A SEPARAR Y ESTA PIEDRA LA LLEVAREMOS DONDE QUIERA QUE VAYAMOS.** Mientras hablaba yo, mi novia se trató de parar dos veces, más apretándola fuerte con mis brazos, la sostuve y no se pudo levantar; la segunda vez la apreté más fuerte que la primera y ella me dijo: no me aprietes tan duro, que no voy a tratar de levantarme más, terminando yo de hablar, nos paramos los dos juntos y quedamos en vernos a escondidas. Esto se hizo y se dijo totalmente en ignorancia, yo no sabía lo que estaba diciendo en aquel día, mi novia me comentó después, que cuando me vio rasgarme la camisa, pensó que yo estaba loco.

Pasando los días, al no poder ver a Innova me entristecí y no sabiendo que iba a hacer, para volver a verla, recordé la fe en Jesús que mi abuela me había enseñado desde niño, yo comencé a encerrarme en el baño, suplicándole a Jesús que hiciera algo, yo quería volver a ver a Innova. Pasaron siete días, y viniendo de un club, totalmente borracho, quería estrellarme en la autopista; cuando llegué al apartamento donde vivía con mamá y mis hermanas, el cual estaba en un cuarto piso, me quise tirar del balcón de atrás, mi mamá y una de mis hermanas corrieron a detenerme y agarrándome de las manos me trajeron al sofá, entonces mamá me dijo que Innova había llamado cuando yo no estaba en casa, y que ella le había dicho que volvería a llamar. Cuando yo escuché esto, recuperé la paz y le dije a mamá: despiértame si ella vuelve a llamar, horas después yo desperté y pregunté si ella me había llamado y me dijeron que no, pasando un lapso de una hora, el teléfono sonó y yo lo contesté, era Innova, diciéndome ¡Te quiero ver! Vamos a encontrarnos en el cine, rápidamente me vestí, y fui a encontrarme con ella en el parqueo del cine, decidimos no entrar, sino que fuimos a besarnos nada más. Nuestro romance estaba en las estrellas, nunca había sentido tanto amor, un amor que llenaba todo mi corazón, no tengo ni palabras para describir esto.

Una semana después, el padre de mi novia vino con ella a casa de mi madre a hablar conmigo y gracias a Dios sucedió algo que jamás esperé, su padre no se oponía a nuestra relación, sino más bien, me dijo: si verdaderamente están enamorados, ahorra un dinero y cásate con ella; ahora tenía la aprobación de su padre; mi vida comenzó a encarrilarse un poco, comencé a trabajar de bus boy (ayudante de camarero) en un restaurante español, esto me gustaba mucho, trabajaba sirviendo gente importante, abogados, jueces, periodistas y me divertía mucho. Comencé a comprarle a mi novia muchas prendas: añillos, gargantillas, aretes, y un vestido de ceda, yo estaba muy enamorado.

Un día de tantos mamá tuvo que entregar su apartamento y se fue a vivir con mi hermana menor y su esposo, no había lugar allí para mí y quedando en la calle, recurrí a mi novia, la cual me trajo a su casa y dormía conmigo en la sala, oponiéndose su madre, terminé durmiendo afuera en la caseta de la lavadora de ropa, la caseta medía aproximadamente dos metros, mi novia me preparó una colchoneta en la cual dormíamos los dos, su familia me menospreciaba y aborrecía muchísimo.

El día que cumplí veinte años, mi novia me compró una tarta de helado y la puso en el comedor de su casa, cuando vine del trabajo, salió a encontrarme al parqueo y me dijo: ven que te quiero cortar una tarta, pero llamándola su mamá, le dijo: hecha a tu novio de la casa, no quiero que duerma más en la caseta, ni le partas aquí la tarta, ella tomando la tarta de la mesa la puso sobre mi auto y me canto el Happy Birthday en la calle.

Comencé a dormir en el auto en el parqueo de un complejo que quedaba a una milla de allí, mi novia se fue conmigo, ella dormía en el asiento de atrás y yo en el de adelante, pero siempre ella iba a la escuela y yo al trabajo, dos semanas después alguien nos albergó en su casa.

Innova y yo decidimos casarnos, comenzamos a ahorrar y abrimos una cuenta en el banco; estábamos contentos por ahora, hasta que un día saliendo con Innova a comer a un restaurante llamado La Cascada (conocido como el palacio de las arrugas), pues allí sólo van mayores de sesenta. Estando allí, me tomé unas copas, saliendo del restaurante nos montamos en el carro y subimos a la autopista. Empecé a correr como a setenta millas por hora, divisando por el retrovisor, me di cuenta que me seguía la policía (la patrulla del estado) y teniendo la licencia suspendida; irresponsablemente me eché a correr. El carro que manejaba, era un Oldsmobile Cutlas Supreme 1977 con un motor 450 de ocho cilindros, que corría como una bala, cuando bajé de la autopista, me esperaba la policía del metro. Empezó una carrera sobre la calle Flagler, y llegando al Mall de Las Américas (el antiguo Midway Mall) entré en un callejón sin salida, viéndome sin salida, paré, me despedí de mi novia, y le dije: a ti no te harán nada, dándome a la fuga a pie, salté una muralla de madera y me lancé a correr, no tuve éxito, un oficial de la policía tirando un tiro al aire, me apuntó y me dijo: no te muevas, y otra vez me llevaron a los hoteles gratis (la cárcel del Departamento de Policías del Metro Dade). A mi novia la pasaron dejando por su casa en una patrulla de policía y le pusieron las quejas de todo el incidente a su familia.

Estando en la cárcel encerrado en una celda, empecé a angustiarme mucho, no paraba de llorar por mi novia, temía perderla. La corte había fijado mi audiencia para ver al juez en quince días, estando ya tres días arrestado, finalmente me logré comunicar con mi novia, la cual me dijo: me tienen presa en casa y piensan mandarme dentro de dos días a Nueva York, a casa de una tía.

Estando en la celda angustiado, de pronto un guardia llegó, y preguntó si alguno quería trabajar por un par de horas en la cocina de la cárcel, sirviendo las bandejas que iban a ser servidas en las celdas de los presos, un preso me dijo: muchacho ve y distráete sirviendo el desayuno para que no sigas llorando aquí, yo tomé su consejo y estando en la cocina trabajando, mientras servía el cucharón de huevo en las bandejas, dejaba regar mis lágrimas en ellas; y comenzando a pedirle a Jesús el Dios que había oído de mi abuela, le decía ¡no permitas que yo pierda a mi novia! es la única mujer que yo quiero en la vida, si yo la pierdo nunca me casaré con nadie, terminando la última bandeja, me retiré a un pilar que estaba allí y volviéndome hacia el pilar estando en pie, oraba y decía: ¡Ayúdame! ¡Ayúdame, Jesús! Y teniendo los ojos cerrados, se estrelló contra mis ojos, una luz blanca que parecía un destello de diamante, y abriendo los ojos me asusté; una paz inexplicable invadió todo mi ser, me llevaron de regreso a la celda, estando acostado, pasando media hora, un guardia llamó mi nombre en alta voz, diciendo: Levántate, que te toca ver al juez, esto fue algo milagroso, yo estaba supuesto a ver al juez en quince días y sólo habían pasado cuatro días, y poniéndome sobre mis pies, me llevaron al juez.

¡Qué sorpresa! Papá y Mamá estaban allí en la corte; al llamar el juez mi nombre, el fiscal leyó mis antiguos cargos: robo de un auto y posesión de un arma oculta; de la nada saltó una mujer de raza negra, la cual era oficial de un programa que abogaba por los jóvenes delincuentes, ella enérgicamente suplicaba al juez, diciendo: Señor juez, déjelo bajo mi custodia en mi programa, el juez mirándome a los ojos, dijo: ¿Tienes trabajo? Yo dije: Si, entonces el juez concedió mi libertad bajo probatoria, estando en la corte se acercó mi madre y me dijo: hoy envían a tu novia a Nueva York por Eastern Airlines a las 2:00 PM, sólo faltaban dos horas para el vuelo, saliendo de la cárcel me fui con papá, y rogándole que me pasara por el banco retiré doscientos dólares, (pues esto era lo único que teníamos). Le pedí también a papá que me llevara al aeropuerto, él trató de detenerme a toda costa, pero fue en vano, papá me decía: el padre de tu esposa es un hombre grande de 275 libras, podría hacerte daño, no te arriesgues a esto, pero su consejo fue en vano, nada me haría desistir, llegando al aeropuerto me despedí de papá y acercándome al mostrador de Eastern Airlines compré un ticket para Nueva York al lado del asiento en el que iba a ir mi novia, este ticket costaba $199 dólares, me quedé con un dólar, pero esto no importaba, mi decisión de seguir a mi novia era determinada, no sabía dónde iba a dormir, comer etc.

Mientras estaba esperando que llamaran el vuelo, de pronto escuché por los parlantes del aeropuerto el nombre de mi novia, pidiendo que se presentara al mostrador, de pronto vi a su padre que cruzaba entre la gente inquisitivo y entendí que la buscaba, rápidamente me separé del grupo de gente que estaba esperando el vuelo y comencé a caminar por los pasillos del aeropuerto, entendí que algo había sucedido, el aeropuerto de Miami es muy grande, cientos de gentes habían allí, de pronto entre la multitud encontré a mamá, que asustada me decía: tu novia escapó y me ha llamado a casa diciendo, que mientras su padre la había dejado con las maletas esperando en la entrada del aeropuerto, él había ido a estacionar el auto, ella abandonando las maletas, tomó un taxi y se fue, inmediatamente yo fui al mostrador y devolví el pasaje, me regresaron mi dinero. Prontamente partí con mamá a buscarla, ella estaba en casa de mi padre en Miami Beach. ¡Volví a la vida! Mi princesa estaba allí; temiendo que la madre de mi novia enviara a la policía contra mí, al día siguiente decidimos irnos de casa de papá a un hotel de Miami Beach, el cual era barato, pues a mi novia aún le faltaban tres meses para cumplir dieciocho años y ser mayor de edad, yo ya tenía veinte años, sabía que esta desventaja, podía causarme un problema.

Dado a que mi novia había dejado abandonada las maletas en el aeropuerto, se había quedado ahora sin ropa, mi mamá sugirió que fuéramos al aeropuerto haber si por casualidad las habían guardado, pues las había dejado al lado de la puerta de entrada que daba hacia la calle, cuando llegamos nos asombramos al ver las maletas en el mismo lugar, habían pasado tres días y aún estaban allí, nadie las había tocado.

Prontamente encontré un trabajo en un restaurante italiano en Biscayne Blvd. llamado Renato Renzzi, un loco cantante italiano que se creía Tarzán, era muy buen cantante.

Mi novia y yo estábamos felices, era una luna de miel prematura, pasando los tres meses decidimos casarnos, ya no necesitábamos el permiso de nadie, ahora ella era mayor de edad, dado a que vivíamos en un hotel, los costos de nuestra vida eran altos, sólo nos daba para pagar el alquiler y comer; el día que fuimos a casarnos sólo teníamos cinco dólares, tomamos un autobús para ir a la corte y teniendo un poco de hambre nos comimos un hot dog en la calle, al llegar a la corte, la jueza se sorprendió diciéndole a mi novia: hoy cumples dieciocho años, seguramente te estás casando a escondidas de tus padres, mas no puedo oponerme, hoy eres mayor de edad y prosiguió a casarnos; ese mismo día llegando la noche papá nos invitó a comer a un restaurante de lujo, él llegó con mi madrastra y mi abuela, estando allí, papá, habiéndose tomado varias copas de whisky, me dijo: llama a tu mamá y yo la llamé y vino, allí estábamos todos.

Para entonces yo me fui a vivir con mi esposa a casa de mamá, donde luego teniendo problemas nos tuvimos que ir a casa de mi suegra, la familia de mi esposa me aborrecía mucho, no me podían ni ver, pronto tuve que irme también de allí y regresé donde mamá, para entonces mi esposa salió en estado de embarazo, trabajábamos duro para ahorrar para la cuna de nuestro niño y todo lo demás; teniendo un dinero compramos otro auto para revenderlo, pues ya teníamos uno y así con la ganancia de la venta del carro, poder tener todo lo necesario para el bebé, pero no tuvimos éxito en esto, pues un medio pariente, aprovechándose de la confianza del parentesco, nos robó el auto, perdimos nuestros ahorros, estábamos en la ruina, ya mi esposa tenía los nueve meses y ahora no teníamos ni para la cuna, esto nos pareció terrible, lloramos juntos, pues nos había costado mucho ahorrar, ya que mi esposa trabajaba en el Kentucky Fried Chicken (un restaurante de comida rápida) y yo de camarero, todo nuestro esfuerzo había sido en vano, como siempre una mano misteriosa nos ayudaba, pronto apareció un dinero y se compró la cuna y todo lo demás, cada familiar trajo un regalo.

Nació el bebé, le llamamos Franco, era precioso como un oso, esto le volvió a dar alegría a mi vida, ahora eran dos los que me daban sentido a mi loca y descarriada vida.

Muchas veces mi esposa me exponía algún problema, mas yo le decía: *"si el niño está bien, todo está bien"*. Lamentablemente en esos días perdí mi trabajo y tuve problemas con mamá y mi hermana mayor, terminé en la calle, tuve que irme a un hotel con mi esposa y el niño. Busqué trabajo desesperadamente esa misma noche y lo encontré, otro restaurante italiano, al darnos cuenta que no podíamos vivir en el hotel por mucho tiempo, ya que el costo era muy alto, mi esposa y yo acordamos que ella regresara a casa de su madre y mientras tanto, yo me quedé viviendo en el automóvil hasta lograr reunir dinero suficiente para alquilar un estudio y así sucedió, en dos semanas lo logré. Estando ya en el estudio nos encontramos sin muebles, no teníamos ni siquiera una cama, pero encontré una en la calle y la lleve a la casa. Verdaderamente éramos muy pobres, pero nos amábamos.

Un día de tantos comencé a levantar pesas y a usar esteroides, esto me gustó mucho, también empecé a trabajar en una cárcel de guardia de seguridad, el sistema carcelario había contratado una compañía de seguridad para que le hicieran el turno nocturno, en el cual yo fui contratado.

Me dediqué a hacer ejercicios, hacia pesas por dos horas en un gimnasio todos los días y después en el trabajo trescientas flexiones de pechos, rápidamente, me convertí en un monstruo, desarrollando unos brazos de casi diecinueve pulgadas (dieciocho y tres cuarto) y una fuerza de gorila.

Pasando un tiempo como de un año, vino a visitarme mi viejo amigo Gongue, el cual estuvo en mi primer asalto a mano armada, él se había quedado en este giro, su visita me sorprendió mucho, pues nadie sabía donde yo vivía, pero él lo había investigado, Gongue venía acompañado de un mafioso cubano el cual era brujo (babalao) mi antiguo amigo vino a tratar de reclutarme para formar un equipo de asaltantes de narcotraficantes, al principio rehusé, pues no quería arriesgar el futuro de mi niño; ellos se fueron diciéndome, piénsalo, en un año podrías tener tu propia casa, un

Corvette y un Cadillac, esto era muy tentativo para mí, yo era un gangster genuino, pensé que me venían muy bien el Corvette y la casa.

Como a la tercera visita de mis amigos, me fui con ellos, fuimos a operar un asalto *(tumbe)* contra una gente que vendía cocaína, era tan fácil para mí, ya que en mis días pasados, cuando robaba casas, entraba desarmado, solamente con un desarmador, "ahora estando armado" y fuerte como para pelear contra tres hombres a la vez y vencerlos con sólo las manos; cuando entramos a este lugar, al instante empecé a actuar muy relajado, era como si yo fuese un experto en esto, no me inmutaba por nada, comencé a dar órdenes a mis propios amigos, dirigiéndolos en el atraco, ellos se amoldaron y todo salió muy bien, nos llevamos toda la droga, joyas, dinero y demás; una horrible vida criminal empezó, esta vez sin fronteras.

Nos dedicábamos a atracar a los narcotraficantes, ya que estos no podían llamar a la policía, tenían que quedarse quietos, si ellos hubiesen llamado hubieran tenido que informar que les habían robado drogas o dinero ilegal, a mi parecer era muy normal y hasta legal el juego de quitarles el dinero a otros delincuentes igual o peor que yo, que siempre estaban armados, no había diferencia, ambos estábamos fuera de la ley, era el Oeste.

El que fuera más astuto, fuerte y rápido, éste se lo llevaba todo. Organizamos el grupo, nos pasábamos horas en el gimnasio y después practicábamos entre nosotros mismos Artes Marciales (Kick Boxing) en una escuela de Kempo Karate que estaba al lado del gimnasio, siempre estábamos armados, éramos todo un escuadrón de la muerte, nadie nos hacia frente, cuando hacíamos un atraco, quebrábamos las puertas, y corriendo hacia adentro nos apoderábamos de todo el lugar, poniendo a todo el mundo en el piso, el que se resistía le iba muy mal, yo mismo me encargaba de quebrarle todos lo huesos, los mandaba al hospital, la mayoría de las veces salía con los pantalones pringados de sangre, tenía un sentimiento de venganza contra todos los hombres, era como si viera a aquellos hombres que venían a buscar a mamá.

Muchas veces hacíamos atracos y salíamos sin nada, ya los traficantes lo habían vendido todo, era frustrante arriesgar tanto, sin encontrar nada.

En una ocasión recuerdo haber estado sin un centavo y locamente haberle dicho a Dios, que me concediera diez mil dólares para salir de los gastos, le prometí que si él lo permitía yo me retiraría de hacer los atracos, pasaron tres días y yo hice un atraco el cual me dejó veintiún mil dólares, los cuales gasté en tres días, en clubes de mujeres desnudas y licor; recuerdo haberle puesto cien dólares a cada bailarina nudista en la liga que llevan en el muslo, gastaba en el club tres mil dólares al día, cuatro días después cuando llegó el pago del alquiler, no tenía ni un centavo, era todo una mentira, era dinero maldito, aunque lo tuviera no me rendía, así es que no pude parar de hacer atracos, era uno tras otro, tras otro, a veces dos veces al día.

Teníamos mujeres que nos daban información sobre los traficantes de drogas de cuando y donde la tenían y les caíamos sin piedad, muchos lloraban pidiendo piedad, pero no se les daba, era nuestra manera de vivir.

En esos días me compré un Mustang GT 5.0 de ocho cilindros que no creía ni en la Ford, color rosa con una raya negra alrededor, tenía un emblema en el frente que decía (En Pink Gao) solía salir en él con muchas chicas, me sentía todo un play boy, siempre estaba armado con una pistola.

En una ocasión convertí mi casa en una bodega de marihuana, mi pobre esposa era una niña, ella no se enteraba de nada y lo que miraba no lo entendía, nunca involucré a mi esposa en nada, jamás induje a mi esposa a ninguna droga, siempre tuve un sentir de mantenerla pura, en todos los sentidos, ni siquiera la dejaba hablar con mis amigos y muy poco la miraban. Nunca hice cosas sucias con ella, para mí, mi esposa es especial. Aunque yo estaba en malos caminos, nunca dejé de llegar a dormir a mi casa, mi paz era dormir con ella. Por las mañanas ella me miraba alistar un maletín lleno de pistolas y me decía: ¿Qué vas hacer? Y yo le decía, no te preocupes, quédate callada, si me pasara algo yo regresaré a despedirme de ti, no moriré sin antes verte a ti y al niño y no te preocupes porque no le dispararé a nadie, a menos que me dispare primero, siempre lo creí así, que sólo en defensa propia lo haría.

Muchas veces tuve grandes depresiones, me sobrecogía un miedo terrible al pensar que ponía en riesgo la vida de mi niño que sólo tenía un año, pues era lógico pensar, que teniendo tantos enemigos por causa de los atracos, me dispararan en cualquier momento y el niño saliera perjudicado, estas depresiones me dejaban tres días sin salir de la casa.

Misteriosamente venía a mi mente siempre, que tenía que ver a un tío, hermano de mi padre, Roger Escoto, pensaba que él tenía algo que decirme, que cambiaría mi vida, algunas veces le decía a mi novia (digo novia porque así yo le decía aunque era mi esposa). Hay una sabiduría que tengo que aprender de un tío que tengo en Nicaragua, no sé que es, pero eso le va a dar sentido a mi vida.

Un día de tantos, tuve un sueño, en el cual me vi haciendo un atraco, vi en el sueño a un policía ponerse enfrente de mí, al cual yo le disparé con un rifle y volviéndome de mi camino hacia atrás, encontré un tesoro, un closet lleno de oro desde el piso hasta el techo, era todo un inmenso tesoro, simultáneamente, me vi que huía en un carro, y llegando hasta la casa del tío Roger se desaparecieron las cuatro llantas del carro y tuve que refugiarme en su casa, este sueño era muy extraño, no lo entendía.

Comencé a tener problemas con uno del grupo (el brujo) él solía consultar al diablo para todos los crímenes, él decía que el diablo demandaba muerte de todos nuestros enemigos, según él, si no matábamos no podíamos llegar a ser verdaderos mafiosos, ni a tener poder, esto no me gustó, siempre pensé que la vida de un ser humano valía mucho más que todo el oro del mundo, eso estaba bien marcado en mí (yo no podía matar) dado a esta discrepancia con este amigo, el cual se encargaba de la venta de todo lo que tumbábamos, comenzó a dividirse el grupo, yo me quedé con Gongue y un grupo de soldados, y el brujo se fue con otra gente; después me enteré que el brujo, me había mandado a matar y su plan era que se tirase una granada de mano por la ventana del cuarto donde dormía mi niño Franco, alguien me avisó sobre el asunto, cuando me enteré de todo esto, entonces procuramos matarlo, fuimos a buscarlo a su casa, pero no lo encontramos.

Gongue y yo organizamos todo para un nuevo empezar, esta vez, sin el brujo, nos volvimos aún más fieros, éramos intocables en el viejo Miami, quizás habían muchos que tenían dinero, pero nosotros estábamos determinados y locos, nadie se nos podía atravesar; el Gongue era como un Ninja y potente como un gorila, podía levantar en el banco plano cuatrocientas libras (181kg) e igual cuatrocientas en piernas, era rápido como un tigre, quien peleara con él, salía desquebrajado, aún cualquier físico culturista era un niño en sus manos, los dos entrenábamos muy fuerte todos los días, éramos como invencibles, pues también estábamos armados hasta los dientes.

Un día de tantos íbamos a hacer un atraco y mientras esperábamos en el carro el momento oportuno, de repente llegó la policía y rodeándonos querían registrarnos el carro, al encontrar un arma, procedieron a arrestarnos, mas yo empujé al policía que quería esposarme y empecé a correr saltando todos los muros de los patios, enseguida llamaron un helicóptero y un pelotón como de veinte policías con perros K-9 y empezó la casería; una hora después, me capturaron, el helicóptero detectó mi posición, comandando desde arriba, movilizaba el pelotón; un policía se escondió detrás de un muro que estaba en el camino por donde yo iba a brincar y al saltar, me golpeó fuertemente con el cañón de la pistola en la cara, abriéndome un hueco en la ceja izquierda, un chorro de sangre salía de mi ceja, con mucha presión regaba el piso, me esposaron enseguida, todos los policías se agruparon a una para atacarme, casi todos eran latinos cubanos-americanos y dándome patadas, decían: defiéndete, defiéndete, mas no me convenía, pues eran policías y además me tenían esposado; después que se cansaron de darme la paliza, me montaron en la patrulla y teniéndome adentro esposado, los policías quisieron meter un perro policía para que me mordiera, mas un teniente blanco americano los detuvo, diciéndoles que no podían hacerlo.

Una vieja de ese vecindario salió con una jarra de agua en la mano y vasos desechables repartiendo agua a los policías, cuando la vi por la ventana del carro le pedí agua, estaba muerto de sed y ella me dijo: Muérete maldito, me llevaron a la cárcel donde me zurcieron como muñeco de trapo, temiendo los policías que pusiera cargos contra ellos, pues estaba desfigurado, me soltaron en cinco horas y estando afuera llamé a Innova, mi princesa me vino a recoger. Tenía para entonces varios casos legales abiertos y ahora con éste corría mucho riesgo de quedar en prisión por un tiempo, por lo cual, decidí no ir a corte y huyendo del juez, me fui de Miami.

Ya estaba cansado de tanto atraco, de tanto riesgo, había algo en mí que quería parar, por esta razón, me fui para Ohio, a buscar nuevos rumbos, había escuchado que era un lugar tranquilo, que pagaban bien los trabajos decentes, entonces Gongue y yo, hicimos un último atraco en Miami y decidimos irnos los dos para Ohio, pero no sin llevarnos una carga de coca, la cual venderíamos y de esa manera nos permitiría establecernos allá.

Antes de llegar al aeropuerto decidimos quien llevaría la droga, echando suerte con una moneda, le tocó a él, mas no quiso llevarla, y la tuve que llevar yo, la llevaba en mi cuerpo, me vestí de traje y abordé el avión, me tomé tres tragos de wisky y llegué muy bien a Ohio. Gongue iba también en el avión, pero actuamos como si no nos conociéramos. En el aeropuerto nos estaban esperando nuestros contactos, un amigo llamado Tony y otro más que nunca había visto, nos llevaron a casa de la novia de Gongue en Ohio, vendimos la droga y nos repartimos el dinero, entonces Gongue se regresó a Miami y yo me quedé en un hotel en Ohio. Mi esposa y mi niño se quedaron en Miami, habíamos acordado, que cuando rentara una casa, ellos vendrían.

Comencé a buscar trabajo, se hacía un poco difícil encontrarlo, mi esposa estaba desesperada porque nos reuniéramos y yo también lo estaba, tomé una decisión, le dije que viniera, enseguida comencé a buscar una casa de alquiler, encontré una muy hermosa de dos pisos con sótano, vivía en ella un mexicano, él me la subarrendó, pues no quería perder su contrato sólo quería darla en renta por seis meses, él tenia que viajar a México a ver a su familia. Después de haber tomado posesión de la casa, el mexicano me pidió que lo dejara quedarse por dos semanas más en una de las habitaciones, también me encargó mucho que cuidara de la casa diciéndome, que el propietario era muy cuidadoso de ella. Mi esposa, nuestro niño y yo nos acomodamos a vivir en ella y seguí buscando trabajo.

El muchacho llamado Tony me contó que estaba muy mal económicamente, me pidió que compartiéramos la casa, él tenía una novia americana llamada Tamy, yo le dije que si, empezamos a vivir todos juntos, este amigo conocía al brujo de Miami, pues antes habían hecho negocios.

Viviendo en esta casa, un día de tantos me desperté muy angustiado, le dije a mi esposa, que todo estaba destruido, yo me sentía desesperado, había tenido un sueño que al despertar se me había olvidado, pero el mensaje del sueño aún estaba en mi corazón, destrucción, destrucción, destrucción, era lo que sentía en mi espíritu.

Un día después, entrando Tony en la casa, me contó que se había encontrado al brujo en un club, el cual estaba trabajando con una mafia Italiana, Tony me dijo que el brujo lo invitó a reunirse con los mafiosos italianos para empezar una línea de negocios de drogas, aconsejándole dije: No vayas, no te conviene, Tony entonces trató de persuadirme diciéndome, que los mafiosos eran muy peligrosos y lo encontrarían donde quiera que fuera, entonces dije a Tony nuevamente ¡no tengas miedo! Si ellos trataran algo los acabaré a tiros, yo no creía en mafiosos, ni en organizaciones, sabía que una bala bien puesta en medio de sus ojos, bastaría para aquietar la situación, mas él insistiendo dijo que quería ir a tratar de hacer negocios con ellos, a fin de salir de su hueco económico.

Sabiendo que el brujo me había mandado a matar en Miami, la reunión de Tony con los mafiosos me tenía muy preocupado, por lo cual le dije a Tony que no quería estar en la casa mientras él estuviera con ellos en la cita, pues temía que le sacaran la dirección y vinieran a matarme desprevenidamente. Tony acudió con su novia Tamy a la cita del brujo, era en un restaurante, Olive Garden. Tamy se quedó en el parqueo, Tony entró al restaurante, los mafiosos se cercioraron que él no estuviese armado, ellos eran como cuatro hombres, sentándose en la mesa, empezaron a hablar de negocios, Tony se llevó tremendo chasco, me dijo que el brujo decía que él le debía setenta mil dólares, los otros mafiosos que estaban allí se encargarían de cobrar el dinero, según Tony los mafiosos le pusieron un tenedor en el cuello, amenazándolo le dieron setenta y dos horas de plazo para pagar la deuda.

De alguna manera misteriosa, el brujo se había enterado que yo estaba viviendo en Ohio, yo imagino que el brujo presionó a Tony para que diera mi dirección. Tony me contó que después de esto, quisieron hacerle daño en el parqueo, lo llevaban de los brazos, querían partirle los huesos, ¡que suerte! Tamy estaba en el parqueo, la cual corrió hacia ellos gritando diciendo ¿dónde llevan a Tony? Los mafiosos se asustaron y la golpearon, entonces Tony aprovechó para soltarse de ellos, logró huir, dejando a Tamy en el restaurante con ellos. Tony me llamó por teléfono a casa diciéndome, huye, porque te van a llegar a matar a ti con toda tu familia, le pregunté, ¿cómo tienen la dirección? Él respondió, yo no sé, entonces comprendí que él se las había dado y que no estaba jugando. Inmediatamente sin pasar tres minutos, ya estaba en la calle con mi esposa y mi hijo, dormimos ese día en un hotel, al día siguiente fuimos a la casa a buscar la ropa de mi esposa y mi hijo; encontré en la casa a Tony y a su novia, los cuales estaban golpeados, ese mismo día fui a dejar a mi esposa al aeropuerto, y la mandé de regreso a Miami.

Estando en el aeropuerto, al ver a mi esposa y a mi hijo Franco irse, juré por Dios vengarme de los que habían causado esta separación, lágrimas me corrían de furia al ver a mi pequeño despedirse de mí. Tony y su novia estaban conmigo en el aeropuerto, después que mi esposa y el niño se fueron nos dirigimos hacia la casa, llegando allá encontramos al mexicano, el cual decía que unos hombres habían venido en una limosina negra a preguntar por mí, y habiéndoles dicho él, que yo no estaba, se habían quedado toda la tarde esperando afuera, esto nos puso alerta, dejando la casa, nos fuimos a un hotel e inmediatamente nos fuimos a buscar un arma, llegamos a un night club de morenos, encontramos allí al dueño, un hombre de siete pies, que mi amigo Tony conocía, entonces él le explicó que estábamos en un pequeño problema, que necesitábamos un arma, el moreno respondió: denme veinte minutos, yo se las conseguiré, sólo nos pidió un favor, él quería que amenazáramos a un hombre que estaba sentado en su club tomándose unas cervezas, el cual le debía un dinero, nos dijo que le dijéramos, que éramos matones a sueldo, contratados por él para cobrarle, enseguida lo hicimos y el hombre prometió pagar antes de veinticuatro horas. El moreno dueño del club quedó contento y me entregó una escopeta calibre doce recortada totalmente gratis, tenía mango de pistola, estaba buena, era niquelada.

Saliendo de allí, fuimos al hotel y pasamos la noche, al día siguiente, fuimos de compras por una caja vacía de las que se usan para empacar flores, como la que usó Terminator en la película Judgement Day, para empacar su escopeta, también compramos guantes. Regresando al hotel, la pusimos en forma, después de esto, salimos a probarla, disparaba muy bien.

El tiroteo

Comenzamos a buscar la limosina por todos los hoteles de Columbus, Ohio y no teniendo suerte, regresamos a la casa rentada a buscar un paquete que mi suegra había mandado unos días antes a mi esposa. Este paquete contenía alimentos cubanos que no vendían en Ohio (galletas, guayaba, queso, fotos, etc). Al llegar a la casa, nos estacionamos frente a la puerta de atrás sin apagar el auto, Tamy se quedó en el volante, mi amigo y yo nos bajamos del carro, yo llevaba la escopeta en mis manos dentro de la caja, nos dirigimos a la casa, yo tenía las llaves, tratando de abrir la puerta me recibió el mexicano que me había subarrendado la casa, él aún estaba viviendo allí, le pregunté, ¿hay alguien en la casa? El dijo ¡no, no.....! Un poco tembloroso, al instante entendí que alguien más estaba en casa, pude sentir presencia humana, y desempacando el regalo de flores (la escopeta calibre doce recortada) caminé lentamente hasta la sala, pues entré por la puerta de atrás donde quedaba la cocina, tenía que atravesar toda la casa para llegar a la sala, llegar caminando hasta la sala me tomó más de doce segundos, faltando dos metros antes de llegar a la sala, salió un hombre que estaba detrás de una pared, los dos estábamos encañonándonos, yo dije: nooo... pues traté de no dañarlo, mas él no entendió y disparó primero, pude ver la llama salir de su revólver frente a mis ojos, pensé que me había matado.

Todo el lugar se estremeció (una extraña presencia se sintió) al instante, después que él disparó, yo disparé, el impacto de mi escopeta levantó al hombre en el aire volando hacia atrás arrugando la cara, él aún dio un último disparo, el cual pegó en el techo; yo quise acercarme a ultimarlo, pero no pude, pues otro hombre que estaba con él, arrojándose al piso, disparó contra mí tres veces, años después me enteré que dos de sus disparos dieron en una puerta de madera de un pequeño closet a la altura de mi cabeza y su último disparo dio en la escopeta; yo también disparé un segundo tiro dirigido hacia él, resultando en fuego cruzado, al instante la escopeta se me fue de las manos dado al impacto de bala causado por el último disparo de él, el cual pegó en el sistema de evacuación de los cartuchos de mi escopeta. Cuando la escopeta cayó al piso, dudé en recogerla y en fracciones de segundos supe que no me daba tiempo, que si la recogía, este hombre finalmente me alcanzaría con un disparo, al instante empecé a correr saliendo por el mismo lugar por donde entré.

Al llegar al carro, Tamy, la novia de Tony, obedeció a mi voz, pues, le grité diciendo: ¡corre! ¡corre! ella echó a correr el auto, Tony no montó en el auto sino que corrió a pie y lo recogí a cincuenta metros, yo comencé a dirigir a Tamy, sabía que no podíamos quedarnos huyendo en este auto. Como quince calles después les dije que teníamos que abandonar el auto, ellos me obedecieron y bajándonos de el empezamos a caminar rápidamente sin correr para no levantar sospechas, entramos en un restaurante chino, donde ordené tres sopas de Wonton, prestando el teléfono llamé un taxi, mientras lo esperábamos nos tomamos la sopa y nos tranquilizamos, cuando llegó el taxi, montamos muy relajadamente, premeditadamente sonrientes.

Pasando por el hotel recogimos las maletas que estaban allí, el taxi nos esperó y después nos pasó dejando por la estación de buses de la Grey Hound, cuando llegamos allí, vimos unos policías que miraban las noticias por la televisión en el lobby de la central de buses, estaban muy impactados, entonces di por hecho que estaban viendo la noticia del tiroteo; compramos los tickets y nos fuimos al estado de Kentucky. Mientras el bus salía de la ciudad de Columbus, comencé a preguntarme ¿Quién seré yo? ¿Por qué esos tiros no me tocaron? Puesto que los vi venir frente a mí, cara a cara, aún las llamas de los revólveres pude ver, al no tener respuesta, me dije a mí mismo "eres inmortal" y con un sentimiento de vana gloria, inflé mis pulmones de aire, pues todo esto estaba inexplicable.

Llegamos al estado de Kentucky, nos cortamos el pelo, nos vestimos de traje, cambiamos de apariencia, queríamos lucir como ejecutivos. Ese mismo día fuimos a desayunar a un restaurante, el cual tenía teléfonos en las mesas, ya que ahí era la estación de camiones de Nashville, Tennessee, desde la mesa, llamé a Gongue a Miami, sólo para enterarme que los hombres a los cuales me había enfrentado, eran dos policías de narcóticos que estaban investigando el paquete que mi suegra había mandado de Miami. Gongue me dijo que su novia desde Ohio lo había llamado diciendo, que yo había hecho noticias en la televisión y estaba siendo buscado, ella le dijo que los reporteros decían mi nombre y mi nacionalidad, ya sabían quien era yo, se creía que estaba herido.

El mexicano cuando vio llegar el paquete que envió mi suegra de Miami, pensando que era droga, dio parte a la policía, y la policía acudiendo al llamado, sin tener orden del juez, ni seguir el procedimiento propio, acudió al asunto, ellos esperaban que yo llegara a abrir el paquete y poder arrestarme, dando por hecho que contenía drogas, así fue como empezó este trágico acontecimiento.

Un día después del tiroteo el periódico publicó sarcásticamente **"ELLOS ENCONTRARON GALLETAS".** También el artículo decía que una furgoneta con un escuadrón de policías especiales, que había salido para reforzar a los dos policías que se habían enfrentado a mí, se había volcado en la calle antes de llegar, teniendo un accidente. Misteriosamente una mano poderosa me protegía inexplicablemente.

Narcotics officer is shot in face

**By Alan Miller and
Debera Bell**
Dispatch Staff Reporters

A Columbus police narcotics detective was shot in the fac last night at 2118 Indianola Ave.

The officer was identified as Mark Ely by an Ohio State University Hospital's spokesman. The spokesman said he was in stable condition.

Ely was struck in the face with shotgun pellets, but the wound is not life-threatening, the spokesman said.

The man who shot Ely was also believed to be wounded. Police were searching for him.

CRUISERS AND ambulances rushed to the scene of the shooting, which was reported about 10:40 p.m.

Ely, an undercover narcotics detective, was involved in what police described only as a drug operation in the apartment on Indianola, just north of Lane Avenue. He was with at least one other officer, police said.

Sgt. Tony Mason said the gunman, also possibly wounded, fled after the shooting. Officers said the suspect was driving a yellow or light-colored Plymouth Horizon with temporary tags.

Officers were checking a Horizon found in a parking lot at Hudson Street and McGuffey Road, about 2 miles northeast of where the shooting occurred.

A FEW MINUTES after the shooting was reported, a police van rushing to the scene was in a traffic accident at 5th Avenue and N. High Street.

The van turned over after colliding with a car.

Preliminary reports were that injuries caused by the wreck were minor. An ambulance took at least one injured person to Grant Medical Center.

The officer was shot in an apartment building called the Wheeler Building.

Mike Ebner, 24, of Reynoldsburg said Columbus fire medics treated the officer inside the building then brought him out to an ambulance.

"He was wrapped up," Ebner said. "He looked like a mummy."

Ely was undergoing a CAT scan early today to assess his wounds, the hospital spokesman said.

Todo esto pasó por una caja de galletas. **¡QUÉ TRISTE REALIDAD!**

Cuando yo escuché esto, mi vida se derrumbó, ya que dispararle a un policía en los Estados Unidos era penado con una sentencia de vida en la cárcel. Todo el aire de los pulmones se me salió, especialmente por el amor que sentía por mi esposa y mi niño. Este problema significaba que no los volvería a ver, sentía un nudo en mi alma, nunca había estado en un problema tan grande, sabía que mi vida había terminado.

Nos dirigimos hacia México, este viaje tomó como tres días, al llegar a la frontera mexicana los oficiales de inmigración nos pidieron los pasaportes y dándoles veinte dólares, sin decir una palabra, militarmente contestaron. "Bienvenidos a México, Señores." Estando en México, tuve un sueño, soñé con un periódico de caricaturas, en el cual yo estaba preso con ropas rayadas, encadenado a una bola de hierro, era cómico, pero aún así me asustó, pues no lo entendía.

Tamy, Tony y yo empezamos un largo viaje hacia Nicaragua, pasando los días, viajando en los autobuses cruzando todo México, empezó mi agonía. Tony y Tamy venían sentados siempre en los asientos de atrás, yo iba solo en los asientos de adelante. No podía parar de pensar en mi esposa y mi niño, era todo lo que yo amaba en la vida; lágrimas salían de mis ojos, dentro de mí decía. "¿Quién me diese una nueva vida?" Para volver a vivir con mi esposa y mi niño, aunque fuese en otro planeta, en la luna o en Plutón. Empecé a arrepentirme de todo lo mal que me había portado con mi esposa, recordando todos los adulterios que había cometido, que aún, ni ella lo sabía, pues mientras estuve con ella traté siempre que ella fuera feliz y no se diera cuenta de mi horrible vida.

Una enorme culpabilidad se apoderó de mí, no podía soportar la realidad de haberme metido en un problema que acabaría con mi familia; principalmente porque sabía que mi esposa era buena, inocente, pura, y me amaba mucho y también por el niño, al cual yo amaba más que a mi vida. Mi tristeza era grande, repetía, una y otra vez ¿Quién me diese una nueva vida? ¿Quién me diese otra oportunidad? Estaba en agonía.

Capítulo III
Soy hijo de Dios

Llegando a Guatemala llamé por teléfono a mamá a Miami, ella me dijo, no vayas a Nicaragua, porque el **FBI** té esta buscando y sabiendo que eres Nicaragüense, te extraditarán, entonces, le respondí, ¿dónde iré? Ella dijo, ve a la casa de tu tío Roger, el hermano de tu padre, el cual ahora vive en Guatemala y me dio la dirección, pues en Miami se había reunido papá con toda la familia y acordaron aconsejarme así.

Entonces tomé un taxi que me llevó a la casa de mi tío, él estaba sentado a la puerta de su casa, cuando me vio, no me reconocía, pues él me había dejado de ver cuando todavía yo era un niño, le tuve que decir soy tu sobrino Federico, entonces él, dando un grito, se alegró.

Ahí estaba toda su familia, prontamente yo me quise desahogar y le conté, la desgracia de mi vida, de todos mis crímenes y mi amargo final, le conté que el **FBI** me estaba buscando, entonces mi tío exclamó, con voz triste: **"HIJITO, SÓLO CRISTO TE PUEDE AYUDAR, ENTRÉGALE TU VIDA."** Yo al principio no entendí, pensé que me iba a decir algo que sonara más práctico, pues yo nunca había oído nada de un Dios vivo, que pudiera ayudar a un pobre delincuente como yo, sólo había escuchado de un Cristo religioso, de palo, Católico Romano, de unas estampas que se leían, de unas velas que se encendían, de unas misas muertas, que nada decían, yo necesitaba algo mejor; sin embargo, el Cristo que mi tío decía tener vida, según mi tío, me podía ayudar, yo contestando le dije: ¿Qué puede hacer Cristo, por mí? Mas él repetía, muchas veces, "hijito, dale tu vida a Cristo, que sólo él te puede ayudar."

Pocos días después, estando en el piso durmiendo en un petate, pues ahí no había mas, ya que mi tío era muy pobre, sólo a Cristo tenía para darme y un poco de comida. Comencé a orarle al Cristo del cual hablaba mi tío, pues el no paraba de predicarme. Yo orando decía, si tú eres real, reúneme con mi esposa y mi niño.

Pasando como siete días, mi tío entrando en el cuarto donde yo dormía, me preguntó: ¿Quieres ir a una iglecita que hay en un monte por aquí? Me han contado que hay una mujer usada por el Señor en profecía, él explicándome me contó que en la Biblia en *1 de Corintios Capítulo 14 y versículo 1,24 y 25*, dice que Dios a dado este don a los que creen en Él y yo lo creí, mi tío nunca había estado en ese lugar, él también quería ir desde hacia mucho tiempo y aprovechando mi compañía partimos los dos juntos, el viaje fue difícil, había que subir una cuesta muy alta, yo tuve que empujar a mi tío, pues estábamos muy débil, porque mi tío quiso que fuéramos en ayuno, yo nunca había oído ni lo que era un ayuno, pero mi tío me explicó que era para humillarse delante de Dios.

Cuando llegamos al lugar, noté que era una iglesia extremadamente humilde, su piso era de tierra, se llamaba Monte Nebo. Cuando entramos pude ver unas mujeres muy humildes que tenían faldas largas, ellas estaban orando y acercándose mi tío les preguntó si podían orar por mí, ellas amablemente dijeron que si. Nosotros nos sentamos en una banca y una de ellas, llamada Ana, postrándose rostro en tierra, comenzó a orar y clamando fuerte decía: Dios mío, yo no conozco a este hombre, pero tú si, háblale Señor, pues tu sabes su vida, comenzó a hablar en lenguas mientras oraba, de pronto dijo: **"HIJO MÍO VEN, SE QUE ME BUSCAS EN AYUNO Y ORACIÓN, MAS NO ES ESO LO QUE QUIERO YO DE TI, ENTRÉGAME TU CORAZÓN CONTRITO Y HUMILLADO Y YO TE DARÉ LA VICTORIA, SE QUE TIENES UN HIJO Y TIENES GRAVES PROBLEMAS, HE AQUÍ QUE FUI YO, QUIEN TE SALVO DEL HOYO DE LA MUERTE, PARA QUE ME SIRVAS, PORQUE TU ERES MI HIJO". ENTRÉGAME TU DURO CAMINAR TANTO EN LA CALLE COMO EN LA CASA, Y YO TE GUIARE CON MI ESPÍRITU. ¡AH DE TI HIJO MIO, SI NO ME OBEDECIERES!**

En cuanto yo escuché, **HIJO MIO VEN,** mi corazón saltó y me puse detrás de la mujer, hincando una sola rodilla en tierra, para escuchar bien lo que decía, yo supe al instante que era a mí a quien le hablaban, porque el corazón me sobresaltó inexplicablemente, cuando la voz terminó de hablar, yo no podía parar de llorar y mirando a mi tío, le decía, Él me dijo **HIJO,** Él me dijo **HIJO,** ésto fue lo que más me impactó, pues a pesar de lo loco que estaba, sabía que merecía la muerte por mis actos y temía que pronto me viniera, sin embargo, esta voz, que creó los cielos y la tierra me decía, **HIJO MIO, DAME TU CORAZÓN,** entendí que Él me amaba y esto me impacto. Mi vieja vida quedó allí, esta voz hizo que me arrepintiera de todos los pecados que había cometido en mi vida, cuando salí de allí, fui una nueva criatura, miré el campo y la naturaleza como si nunca los hubiera visto antes, todo era lindo ahora, le dije a mi tío, mi vieja vida terminó, yo soy de Cristo, soy hijo de Dios. Ese mismo día empecé a leer la Biblia, ahora ella era mi vida.

Comencé a experimentar un arrepentimiento profundo por todos mis pecados, venían a mi mente muchas escenas violentas de mi vida pasada y me ponía a llorar y decía, perdóname Señor, nunca hubiera querido hacer eso, si tan sólo pudiera regresar mi pasado para no haberlo hecho, pero ahora lloraba, lloraba y lloraba pidiendo perdón, hasta que un día comprendí, que el sacrificio de **CRISTO** era mas grande que todos mis pecados y culpas y tenía que poner a un lado mi horrible pasado y amarlo sólo a Él, cuando comprendí esto, me enamoré más de Él, al entender que Él fue maldito por mí en la cruz del calvario llevando todas mis culpas y pecados y su santidad y obediencia habían sido traspasadas a mí.

Un intercambio se efectuó en la cruz, toda mi maldición fue sobre **Él** y toda su bendición fue sobre mí, esto obró una profunda convicción en mi vida, la cual es, que nada, ni nadie, ni dinero, ni todo el oro del mundo ni aún los reinos de la tierra con toda su gloria me harían traicionar la palabra de **JESUCRISTO ¡A Él sea la gloria!**

Sin darme cuenta, me ponía la Biblia en la cintura, como antes solía ponerme la pistola y con ella andaba en todos lados.

Pocos días después, llamé a mi esposa a Miami y le dije; amor no te preocupes, yo me entregué a Cristo. ¿Te quieres casar conmigo en su nombre? Ella dijo que si, entonces yo oré y le pedí a Dios que nos uniera en matrimonio en el nombre de Jesús, pues aunque éramos casados en la corte de Miami por las leyes de los hombres, para mí eso no era nada, yo sabía que sólo en el nombre de Jesús podíamos ser esposos para siempre.

La palabra de Dios me fue revelada por la unción del Espíritu Santo, comencé a escudriñar la Biblia, no podía parar de leer, estaba dedicado todos los días desde la mañana hasta la noche, sólo tomaba tiempo rápido para comer una vez al día, pues, ayunaba casi todos los días.

Me enamoré de Cristo, yo nunca había leído un libro, no tenía ninguna educación, era un analfabeta, en Cristo lo encontré todo, es todo mi tesoro, pues la Biblia dice que Cristo es poder de Dios y sabiduría de Dios *(1 Corintios capítulo 1 versículo 24)*. Todos mis problemas se desvanecieron, del **FBI** ni me acordaba, estando seguro que la mano de Cristo me protegía, no cabía mas gozo en mi corazón, mi copa está rebosando, mi tío se quedaba maravillado de ver que me era revelado todo el evangelio de Cristo, mi tío Roger me confirmaba el evangelio que había recibido, pues él es maestro del evangelio de Jesucristo, a él, Cristo me envió para que me enseñase las palabras de esta vida y se confirmó aquel sentir que yo tenía cuando aún no conocía al Señor, que tenía que ver a mi tío, para que me diera una sabiduría que le iba a dar sentido a mi vida, mi tío Roger Escoto es mi padre y maestro en **CRISTO JESÚS.**

Pasando cinco meses, mi esposa y nuestro hijo vinieron a mí. Mi esposa y yo comenzamos a leer la Biblia juntos, yo fui su maestro. Mi tío Roger nos bautizó en la Laguna de Amatitlan, Guatemala, en el precioso nombre del **SEÑOR JESUCRISTO** (*Hechos 2:38*) también nos casó en el Nombre precioso de Jesús en un lugar llamado Tierra Nueva en Guatemala, entonces recordamos la **PIEDRA** que nos unió cuando nos conocimos y entendimos que esa **PIEDRA** era Cristo: **ESTA PIEDRA, ES TESTIGO QUE TÚ Y YO NOS VAMOS A CASAR Y NUNCA NOS VAMOS A SEPARAR, Y ESTA PIEDRA LA LLEVAREMOS DONDE QUIERA QUE VAYAMOS.** *Josué capítulo 24 versículo 27,* nos maravillamos, pues Dios nos habló sin nosotros saberlo en aquel día, desde que conocí a Cristo, por causa de esta profecía que fue dicha sobre la Roca, apropié para mi matrimonio esta escritura:

(Mateo 7:25)
"DESCENDIÓ LLUVIA, Y VINIERON RÍOS, Y
SOPLARON VIENTOS, Y GOLPEARON CONTRA
AQUELLA CASA; Y NO CAYÓ, PORQUE
ESTABA FUNDADA SOBRE LA ROCA."

Un día mi tío me presentó una viuda llamada Rosita Rojas, ella fue mi madre en Cristo, esa viuda, me dio de comer, de beber y oraba llorando por mi alma, era profetiza del Señor Jesús, mas su ministerio principal era el amor ¡Oh cuánto yo la amo! Mi experiencia en aquel lugar es inolvidable, la ciudad de Guatemala está llena de cristianos ungidos con el poder del Espíritu Santo, especialmente los pobres, entre menos tienen más aman a Dios, más decoro había en ellos, más poder del Espíritu y sinceridad de corazón, muchos campesinos varones y mujeres son príncipes de Cristo, aunque no tienen carro, ni casa, ni crédito en el banco, sólo una humilde choza donde dormir, tienen corazones dispuestos para pelear con valentía, por el Rey de Gloria, como aquellos valientes del rey **DAVID**.

Mi condición económica era muy estrecha en Guatemala, dado a esto, mi esposa se desanimó un poco, mas siempre estaba a mi lado y éramos felices. Mi esposa salió en estado de embarazo por segunda vez estando en Guatemala, ya teniendo ocho meses de embarazo, decidió ir a tener el niño a Miami, esto fue triste para mí, me volví a quedar solo por tres meses, tres meses después, mi esposa regresó con mi segundo hijo, estaba rubio y precioso, le llamamos David. Empezamos a vivir los cuatro juntos. Mi esposa no quería tener más niños, ella pensó que con dos era suficiente, mas el Señor trayendo a una persona, la cual hablando en profecía dijo: **NO TE PREOCUPES POR CUANTOS HIJOS HAS DE TENER, PORQUE YO SABRE CUANTOS HE DE DARTE.** Mi esposa se siguió tomando sus pastillas anticonceptivas, mas un día de tantos, olvidó tomarlas por tres días, resultando en un tercer embarazo. ¡Gloria a Dios por este niño! Innova se fue de Guatemala a tener nuestro tercer niño, al cual llamamos Eric, parecía un pollo recién salido de la concha, pues era hermosísimo.

Innova estando en Miami con los tres niños, decidió no regresar a Guatemala, dado a esto, me entristecí mucho y empecé a buscar al Señor de todo mi corazón y haciendo muchos ayunos, orando al Señor ¿qué sería de mi vida? Ya que era un fugitivo del **FBI**, y si regresaba a Miami, me podían dar vida en la prisión, pues no sabía como probar mi inocencia respecto a este asunto, pues yo disparé en defensa propia, ya que estos policías me dispararon primero sin haberse identificado, estaban vestidos con ropas civiles y no tenían orden de arresto, entraron a la casa y abrieron fuego.

"La visión de la historia de un joven que fue salvo por Jesús"

Un día el Señor me dio un sueño, la revelación fue así: Me miré huyendo y me decían, te buscan, te buscan, y miré venir un ejército en contra mía, entonces, vi a mi esposa sentada en una mesa y yo le decía: ayúdame a salir de aquí, mas ella bajando su cabeza dijo que no, después me vi en una silla sentado a una mesa con la cabeza sobre mi brazo, yo estaba preso y en gran tristeza, sentía un dolor terrible en mi corazón, que no tenía fuerza ni para levantar la cabeza, mis ropas eran blancas, pero no muy limpias, tenía en la camisa una mancha de sangre sobre mi pecho izquierdo, de repente apareció mi esposa frente a mí, con una ropa larga y blanca, muy limpia, y me dijo: no te dejaré aquí por el amor de Cristo, al instante que ella apareció yo me puse en pie, y se fue mi tristeza, la mancha de sangre que estaba en mi camisa desapareció, mi camisa ahora estaba blanca y limpia, seguidamente mi esposa desapareció de sus pies hacia arriba, yo empecé a entristecerme por un instante, mas dando un paso al frente, quedé libre y aparecí frente a un restaurante muy lujoso, pues el servicio era Europeo y dije: esto es mejor que Estados Unidos, parece Europa; al instante volteé hacia atrás y subí la mirada hacia el cielo a mi lado derecho, y en el cielo se hizo el símbolo del reloj circular de conteo regresivo, con el cual empezaban las películas antiguamente; tres, dos, uno, cero, y se hizo el sonido bip..., y en grandes letras lindas apareció en las nubes un título que decía: **ESTA ES LA HISTORIA DE UN JOVEN QUE FUE SALVO POR JESÚS.** Inmediatamente yo desperté y escribí el sueño, obviamente comprendí que un día iba a ser apresado y mi esposa me esperaría vestida de blanco y un día se escribiría esta historia.

Llevaba un total de tres años y medio viviendo en Guatemala, esta vez mi esposa no quiso regresar, ya llevábamos separados muchos meses, cuando mi tercer niño Eric tenía nueve meses, tomé una decisión, arriesgaría mi vida antes de perder a mi familia la cual Dios me dio, y preparé mi viaje, este viaje me podía costar la vida en la prisión y aun la vida física, pues no sabía como iba a tratarme la policía cuando me capturaran, pero tomé una decisión, confiar en Jesucristo, en su misericordia, antes de perder la familia como un cobarde; siempre tuve y tendré un sentimiento de preservar a mi familia.

Recordé, la Piedra que nos unió y el rhema que en ella hay:

DESCENDIÓ LLUVIA, Y VINIERON RÍOS, Y SOPLARON VIENTOS, Y GOLPEARON CONTRA AQUELLA CASA; Y NO CAYO, PORQUE ESTABA FUNDADA SOBRE LA ROCA.

Busqué dirección de Dios, por todas partes, Dios me decía: **YO TE USARE EN LOS ÚLTIMOS TIEMPOS, TE QUEDARAS MARAVILLADO DE LO QUE YO HARÉ EN TU VIDA.**

Despidiéndome de mi tío, partí para México, con muy poco dinero, pero Dios me ayudó y llegué a Ciudad Juárez, no quedándome ni un dólar llamé a mamá la cual me puso un pasaje de avión por teléfono con destino a New Orleáns, LA, el cual tenía que reclamar en el aeropuerto del Paso, Texas, también me dio una dirección de una hermana de mi abuelo por parte de madre que nunca habíamos conocido, pues ella se había ido desde muy joven a los Estados Unidos y ahora tenía noventa y nueve años, le decían Mayuca. Mamá se había puesto en contacto con ella y ella acepto recibirme, entonces crucé el Río Grande (Bravo) y fui al aeropuerto y reclamé el pasaje, me monté en el avión y me fui a New Orleáns, llegando al aeropuerto de New Orleáns, empecé a orar, pues no traía ni un centavo y ya era noche. El aeropuerto estaba casi vacío, yo estaba muy nervioso y preocupado pensando, ¿qué haría si un policía me preguntara, qué hacía yo ahí? A altas horas de la noche, pues, yo no traía identificación conmigo, pues no tenía y tampoco me convenía, ya que era buscado por el **FBI**.

Llegando al parqueo encontré a un hombre que estaba por montarse en su carro, y dirigiéndome hacia él, le pedí un aventón mostrándole la dirección de mi tía Mayuca, él me dijo con voz tranquila que él iba en sentido contrario, que lo sentía mucho y dándome un billete de veinte dólares me dijo: puedes irte en un taxi, lo cual hice de inmediato.

Cuando llegué a la casa de la tía Mayuca, la encontré sentada en un reclinable vestida con una bata roja, ella señalando un cuarto, me dijo: Ve y descansa, seguramente vienes cansado, mañana hablaremos. Al verla sola, pensé, que no era una casualidad haberme encontrado en la vida con ella y le predique a Cristo, al cual ella unos días después aceptó de buena gana, leíamos la Biblia todos los días.

Veinte días después, mi amada esposa, dejándolo todo en Miami: casa, carro y trabajo, tomando a los tres niños y su ropa, se montó en un autobús de la Grey Hound, para ir a encontrarse conmigo a New Orleáns a casa de Mayuca. Pasando dos semanas, nos fuimos a vivir a un apartamento en Fat City en Metairie, Louisiana, entonces le di gracias al Señor Jesús, por haberme reunido con mi familia.

Mi familia para mí es lo segundo más importante después de Dios. Querido lector, quiero expresarle, que para un hombre como yo que nunca tuvo nada, una familia vale mucho, al decir esto, espero poder dejarle entender lo muy agradecido que estoy con Dios por reunirme con ella.

Comencé a trabajar en un restaurante italiano de cinco estrellas, aprendí mucho ahí sobre este giro, pues anteriormente este había sido mi oficio, trabajé por debajo de la mesa (sin papeles). Mi esposa se quedaba cuidando a los tres niños porque estaban muy pequeños, un mes después, supe que Mayuca se había caído en el baño de su casa y estaba hospitalizada, enseguida fuimos a verla al hospital y oramos por ella, y temiendo que fuesen sus últimos días, me propuse que ella hiciese la oración de salvación y la hizo, un día después murió, y comprendí que Dios me había enviado a ella, porque ella era su hija.

Una vida consagrada a Dios empezamos a vivir, el Espíritu de Dios nos hablaba en sueños con mucha frecuencia, mi esposa y yo leíamos la Biblia casi todos los días hasta las 3:00 de la madrugada, nuestra relación matrimonial se afirmó mucho, nos sentíamos enamorados como los primeros días, recuerdo la cabeza de mi amada sobre mi pecho, leyéndome la Biblia, hasta la madrugada.

Un día tuve un sueño; soñé que un hombre endemoniado estando en nuestra casa, quería hacerle daño a mi esposa, y viniendo yo a su auxilio, lo maté con un cuchillo. Despertando muy asustado me puse a orar y reprendí a Satanás en el nombre de Jesucristo, pidiéndole a Cristo que no permitiera que sucediera esto; pasando como tres meses, un hombre empezó a trabajar de lava platos en el restaurante italiano donde yo trabajaba, él se llamaba Orlando. Un día me dijo que no tenía donde quedarse, yo le dije que yo vivía con mi familia y no podía recibirlo y lo mandé donde alguien que rentaba un cuarto. Esto le dije porque recordé el sueño y sabía que no podía hospedar a ningún hombre en mi casa, por causa del sueño. Mas llegando la noche este hombre golpeó a la puerta de mi casa y yo le abrí, él me dijo que no había podido encontrar donde pasar la noche. Enseguida lo recibí, y tome muchas precauciones, pues traje a mis tres hijos a dormir dentro de mi habitación.

Pasando como tres días, estando con este hombre sentados los dos en la sala de mi apartamento, él me comenzó a explicar, que una fuerza extraña lo poseía, que cuando estaba bajo esta fuerza, saltaba sobre cualquier hombre y acababa con él, él me dijo que sentía que los hombres eran como enanos en sus manos, terminando él de contarme esto, vino un ataque demoníaco sobre él, el cual hacia que él moviera su cabeza de un lado a otro frenéticamente, viendo él a mi esposa y a los niños, trató de levantarse del sofá para atacarlos, yo lanzándome sobre él, lo volví a sentar colocando mis manos sobre las de él con toda mi fuerza para aguantarlo, y así no pudiera pararse, por un segundo se tranquilizó y me pidió que le hiciera un café fuerte, yo corriendo a la cocina, sin quitar los ojos de él empecé a preparar el café, una vez más él trató de levantarse frenéticamente poseído, para atacar a mi esposa, entonces como un rayo, salí de la cocina y levantando la mano derecha hacia él dije: Te reprendo en el nombre de Jesucristo, y quedó ciego, tocaba las paredes que lo guiaron hasta la calle, nosotros también nos salimos afuera, quedamos perplejos al ver que Cristo, lo dejó ciego, y estando ya fuera de la casa, pasando como cinco minutos, él recuperó la vista, y asustado, me pedía perdón, entonces le dije que se tenía que ir de la casa, que era muy peligroso para mis niños y fui con él a ayudarle a buscar un estudio.

Unos días después El Señor, vino en sueños a mí diciéndome, **HE AQUÍ QUE CUANDO PASEN SIETE AÑOS DE TU PROBLEMA DE OHIO, EL FBI VENDRÁ.**

Despertándome, le dije a mi esposa, nos tenemos que ir, porque el Señor me dijo que el **FBI** vendrá por mí al pasar siete años del problema en Ohio, mas ninguno de los dos hicimos nada. Todos los días yo le pedía a Dios, que no permitiera que el **FBI** me encontrara, también le decía que no permitiera que fuera separado de mi familia, sin embargo respecto a esto "yo no decía, sea tu voluntad y no la mía."

Meses después dos varones vestidos de blanco vinieron en sueños a mí diciendo: **FEDERICO, EL FBI VENDRÁ POR TI, Y ME MOSTRABAN UNA PUERTA GRANDE LLENA DE LUZ, DICIÉNDOME, NICARAGUA, NICARAGUA.** Al despertarme entendí que eran ángeles y conté el sueño a mí esposa, la cual me dijo: ¿Qué vamos a comer en Nicaragua? ¿Conque zapatos se van a calzar los niños? Pues si aquí somos pobres, cuanto más allá, y con muchas palabras me hacía desistir de irnos, después venía y me decía, si quieres nos vamos, y yo le decía, bueno, vamos a ahorrar para irnos de aquí, y nunca pude ahorrar ni un centavo, pues en la casa sólo yo trabajaba y teníamos tres niños, estos ángeles vinieron a mi tres veces en diferentes días y distintos meses, diciéndome exactamente lo mismo, cada vez que venían, la puerta que me mostraban se hacía más pequeña, hasta que llegó a ser una ventana. Pasados unos meses, el Señor puso un dinero en mis manos, lo suficiente para irme a Nicaragua, mas no lo hicimos, y en cambio nos fuimos a comprar ropa nueva, y algunos muebles.

Unos días después el Señor me mostró una visión, donde me vi parado en una azotea en una casa en Miami, tenía en mi mano un bumeran el cual lancé al aire fuertemente, el bumerán alcanzó mucha distancia, de repente giro en U, ahora venía de regreso en contra mía, de pronto, antes que me hiciera daño, vi un rayo salir del cielo con gran velocidad, el cual partió el bumeran en dos pedazos y cayó a tierra, al ver que el bumeran se partió y no pudo hacerme daño, bajé de la azotea y entré a la casa, me senté a la cabecera de una mesa con toda mi familia, estando sentado a la mesa, pude ver en el Espíritu a la policía de la ciudad de Miami venir a buscarme a la casa donde yo estaba con toda mi familia y bajándose los policías de los carros, caminaron hacia la casa, pero no llegaron a tocar la puerta, sino que antes de tocar la puerta, se volvieron hacia sus carros y se fueron, entonces le dije a mi familia los cuales estaban sentados a la mesa conmigo: "¡Vieron que el Señor me libró de todas las consecuencias de mi pasado al partir el bumerán!" Entonces supe que el Señor me libraría de todos los casos pendientes que tenía en Miami, aquí terminó esta visión.

Mi familia y yo seguíamos viviendo en New Orleáns, sin embargo yo había perdido mi trabajo y no encontraba por ningún lado, todas las puertas se habían cerrado, mas no entendimos, sino que persistimos en quedarnos.

En esos días el Señor me habló en sueños y me dijo: **NO RECIBAS A TU SUEGRA, PORQUE SERAS DESTRUIDO, Y ME MOSTRÓ A MI SUEGRA EN MI CASA HACIÉNDOME UNA BRUJERÍA Y TODO SE OSCURECIÓ.** Yo sabía que mi suegra era espiritista (bruja cubana) y su hermano Alexander era un siervo de Satanás (babalao) y ellos juntos me hacían la guerra con brujería desde el principio, sin embargo cuando el Señor me dijo esto, ya mi suegra le había avisado a mi esposa que llegaría desde Miami, pues nosotros vivíamos en New Orleáns, L.A., yo no obedecí al Señor debidamente, el cual nos dice en su palabra: Si alguno viene a vosotros y no trae esta doctrina, no lo recibáis en casa, ni le digáis: ¡Bienvenido! Porque el que le dice: ¡Bienvenido! Participa en sus malas obras. *(2 Juan 10 y 11)* más yo desobedeciendo el rhema de Dios acomodé a mi manera las cosas, pues mi esposa me dijo; ya mi mamá tiene rentado el camper rodante en el que va ha venir, ¿qué voy hacer? Yo en ves de obedecer al Señor absolutamente, falseé su orden y dije: Bueno que vengan y no pararemos de predicarles hasta que se vayan, lo cual hice y le pedí al Señor que me diera una escritura para ella y el Señor me dio *Isaías 47* y se la leí mientras ella gritaba de aborrecimiento contra Cristo, a quien le prediqué sin detenerme desde que llegó; el último día antes de irse, se paró en la puerta de mi casa y le dijo a mi esposa, ten cuidado con los niños, porque ya han habido dos quemados en nuestra familia.

No obedecí al Señor por la ayuda material que dejaría mi suegra, y esta desobediencia me trajo destrucción, que hubiese preferido nunca haber recibido de ella ni un grano de sal. Mientras ella nos ayudaba de lejos sin entrar en nuestra casa, nada pasaba, mas cuando el Señor dijo: no la recibas en casa, todo lo que me trajo me sirvió para mi ruina, pues el mal que nos vino, fue peor que todos los males que tuve en toda mi vida.

Unos días después, mi esposa soñó que nuestro hijo David, que tenía entonces cinco años se había quemado y había muerto, yo también soñé, que a David le había pasado algo en el cuerpo y que vino la ambulancia a buscarlo y en el sueño me mostraban una crema para usarla en el niño y me decían: **"PADAN-ARAM Y QUE NO SE TE OLVIDE".** Cuando desperté, me angustié mucho y me puse a orar, supe que algún día si pasaba algo con David, Dios me había indicado que huyera con él, pues Padan-aram es el lugar donde huye Jacob de su hermano Esau.

Capítulo IV
David, no puedes morir, porque tú eres de Cristo

El ocho de julio de 1995 estando mi esposa y yo en nuestra habitación en nuestro apartamento y los niños jugando en el patio de afuera, sucedió que los niños habían encontrado un encendedor de cigarrillos, con el cual estaban tratando de encender residuos de fuegos artificiales que habían quedado por todo el piso del patio de los apartamentos, los cuales habían usado los vecinos el cuatro de julio (día de la Independencia de Estados Unidos). De pronto mi niño mayor de ocho años, quiso entrar a la casa a tomar agua, él sabiendo que si lo mirábamos con el encendedor de cigarrillos en la mano se lo quitaríamos, lo dejó tirado en el patio y entró a casa a tomar agua.

Entonces su hermano David de cinco años, el cual se había quedado sólo afuera jugando en el patio, recogió del piso el encendedor, él queriendo encender un palito de madera, teniendo dificultad para mantener la llama por causa del viento, metió sus manos y su cabeza debajo de su camiseta sosteniendo el encendedor con su mano derecha y el palito con su mano izquierda, y así resultó que se liberó todo el gas del encendedor, y una chispa encendió sus ropas en llamas de un metro de altura, convirtiéndolo en una antorcha humana, David prendido en llamas corrió al apartamento donde se encontró con Franco su hermano mayor. David no pudiendo hablar palabra porque estaba bajo impresión, por el efecto del fuego, viéndolo su hermano Franco corrió a su auxilio, tirándolo en el piso, lo rodó por la alfombra, logrando apagar un cincuenta por ciento del fuego de su cuerpo, al rodarlo en la alfombra el cuerpo de David pegó contra un objeto en la sala, produciendo un ruido que llamó nuestra atención, salimos corriendo a ver que sucedía, al llegar a la sala, nos encontramos con la tragedia más terrible de nuestras vidas, nuestro pequeño niño David estaba brincando, prendido en llamas sin poder gritar, el fuego había acabado con toda su piel, al ver a David caer como muerto enfrente de nuestros ojos, grité fuertemente ***¡CRISTO.........!*** Inmediatamente, entró aire por su boca en sus pulmones y revivió, entonces eché un galón de aceite sobre su cuerpo en el nombre de Jesucristo y David dijo: "¡más aceite!" ¡Eché por segunda vez otro galón de aceite sobre su cuerpo en el nombre de Jesucristo, y oramos por él.

Tomándolo, nos montamos en el carro y corrimos hacia el hospital más cercano, Jefferson Parish Hospital, mientras íbamos en el camino él iba en mis brazos llorando, agonizando de dolor, entonces le dije levanta tu mano y dale gracias al Señor, él llorando levantó su pequeña mano y con voz agonizante dijo: "Gracias Señor Jesús, porque me quemé." Cuando llegamos al hospital, entré corriendo con David desnudo cargándolo en mis brazos, un guardia de seguridad viendo de largo, sin preguntar nada, corrió hacia dentro a pedir auxilio, cuando entramos todo lo tenían listo, pues de inmediato las enfermeras me mostraron una camilla de emergencia en la cual lo acosté, en cuestión de segundos lo rodearon los médicos, yo caí de rodillas llorando a su lado, orando a Dios a gritos con gran llanto, uno de los médicos que estaban ahí dijo ("las oraciones no van a hacer nada en eso") más yo seguí clamando a Dios, sin parar de llorar, y teniendo mi mano agarrada con la del niño decía sin parar: **¡CRISTO, CRISTO, NO LO DEJES MORIR!**

Los médicos comenzaron a decir, llamen a su familia, su estado es crítico, con esto nos daban a entender que él moriría, David abriendo su boca con voz agonizante me dijo, me estoy muriendo, entonces le contesté: **"TU NO PUEDES MORIR, PORQUE TÚ ERES DE CRISTO".** Constantemente le repetía esto: **"TÚ NO PUEDES MORIR, PORQUE TÚ ERES DE CRISTO", "TÚ NO PUEDES MORIR, PORQUE TÚ ERES DE CRISTO".**

De repente, una trabajadora social, entró en el cuarto, y me preguntó cómo había sucedido esto; soltando mi mano de la mano de David, para ponerme en pie y hablar con la mujer, sucedió que al instante que solté su mano, David gritó diciendo, la mano, la mano: yo le dije, hijo ¿Qué pasa con la mano? Y él me contestó, mientras tu tienes tu mano agarrada con la mía, nada me duele, pero si la quitas me duele, entonces entendí, que el Señor estaba ahí, y que el Espíritu del Señor fluía a través de mi mano para neutralizar el dolor de David, a través de los dolores que Cristo sostuvo en el calvario (pues Cristo llevó nuestros dolores y sufrimientos en la cruz) era necesario que el Señor interviniera de manera especial, pues el dolor podía parar su corazón y matarlo, ya que los dolores que producen las quemaduras de tercer grado, son sin duda algunas, extremadamente fuertes.

Dejando mi mano agarrada con la del niño, dije a mi esposa, ve tú y explícale a la trabajadora social, yo me quedaré orando por el niño con su mano agarrada. Pasé orando y llorando de rodillas más de dos horas, hasta que David se quedó dormido, después de esto le pusieron un aparato que suministraba morfina directamente en su sangre, cuando la morfina entró en efecto, fue hasta entonces que yo pude retirar mi mano de él.

Los médicos querían transferir al niño en un helicóptero a la unidad de quemados de Texas, pues en ese hospital de New Orleáns, no tenían unidad de quemados, mientras esto se discutía apareció un cirujano plástico Judío llamado Clien, el cual dijo, yo me haré cargo del niño en el Children Hospital de New Orleáns, mi esposa y yo aceptamos, el doctor enseguida mandó a trasladar a David en una ambulancia al Children Hospital, cuando llegamos allá, lo pusieron en cuidados intensivos, él estaba ahora totalmente sedado, le estaban suministrando morfina en grandes cantidades para que no sintiera el dolor.

Mi esposa se quedó con él la primera noche, yo regresé con Franco y Eric a la casa, estaba destrozado, confundido, no sabía porque Dios había permitido que pasara esto, sentía que Dios me había herido, mas no le pregunté nada al Señor, al llegar a la casa no quise dormir en las habitaciones, tenía mucho miedo, aun de Dios, mandé a Franco mi hijo que sacara los colchones de arriba de las camas, para dormir en la sala.

Capítulo V
Cinco días estarás preso

Comencé a orar con Franco, mi hijo mayor, él tuvo una visión y dijo: **PAPÁ VAS PRESO, TE ESTOY VIENDO DETRÁS DE UNOS BARROTES.** Entonces yo le dije, vamos a orar para romper los barrotes en el nombre de Jesús y orando otra vez, él volvió a tener otra visión y dijo: **LOS BARROTES NO SE ROMPEN Y TÚ ESTAS DETRÁS DE ELLOS, PERO HAY UNA LUZ CONTIGO Y AL FINAL MUY ATRÁS, HAY UNA PUERTA Y TU SALDRÁS.** Entonces abrazándonos lloramos juntos, cuando los niños se durmieron, me postré sobre mi rostro y le pregunté al Señor, que significaba todo esto, Él respondiéndome en sueños dijo: **HE AQUÍ CINCO DÍAS ESTARÁS PRESO,** y me mostró un número que tenía muchos dígitos.

Al día siguiente, muy temprano me dirigí al hospital, mi esposa y yo acordamos decir que yo era su hermano, tío de los niños, pues a mí me estaba buscando el **FBI** y no podía arriesgarme a separarme de mi familia, ahora menos que nunca. David seguía sedado, mi esposa me dijo que los médicos decían que había que esperar tres días para saber si viviría, pues ellos temían que hubiese inhalado dióxido de carbono, o que algún órgano vital estuviese dañado por el fuego, sus quemaduras eran graves de tercer grado, tenía quemado el treinta y ocho por ciento de su cuerpo.

Todo el hospital estaba enterado de este asunto, aun los padres de otros niños nos quedaban viendo con terror y compasión, yo podía escuchar sus susurros, "ese es el padre del niño quemado, que va a morir," entonces decidí entrar en un ayuno para clamarle a Dios por su vida, no me volví a separar ni por un segundo de David, no permití que nadie lo cuidara, yo sabía en quien había creído y no echaría pie atrás, sabía que mientras estuviese orando por David, el diablo no podía matarlo, estaba muy seguro que la vida está en **CRISTO** y nadie lo podía arrebatar de su mano sin ser su voluntad.

Era prohibido por el hospital quedarse con el niño en el cuarto de cuidados intensivos, yo pedí al médico que hiciera una excepción, el médico llamó al director del hospital y le explicó la situación, el cual accedió a que yo me quedara con el niño en el cuarto sin derecho a cama, o silla, y yo acepté, pues no necesitaba cama, ni silla, porque pasé orando de rodillas agarrado de la mano de Dios y la del niño, dormí de rodillas con la cabeza puesta sobre su cama, hasta que pasaron los tres días. Cada vez que el niño despertaba decía: yo me maté, yo me morí, y yo le respondía: **"TÚ NO PUEDES MORIR, PORQUE TÚ ERES DE CRISTO."** Poco a poco le fueron quitando las máquinas de sus signos vitales y el oxígeno, los médicos estaban asustados, pasando tres días, lo declararon libre de peligro, esa mañana él despertó, y vio un gran árbol que estaba ahí por la ventana de su habitación y dijo: Papá ¿Tu crees que yo me puedo subir a ese árbol? Yo le contesté ¡Claro que sí! ¡Claro que sí! lo vas a poder hacer después, mas él sentándose en la cama por primera vez después del accidente, me dijo, yo puedo ahora ¿Tú quieres ver? enseguida corrieron todas las enfermeras, dando voces diciéndole, tienes que quedarte en la cama, no hagas eso, no hagas eso, y él y yo nos reímos. ¡Aleluya! ¡Aleluya! ¡Aleluya! La voz de Satanás en aquel médico, que dijo; las oraciones no van hacer nada, llamen a sus familiares, fue vencida, pues la escritura dice:

(1 CORINTIOS 15:55)
"SORBIDA ES LA MUERTE EN VICTORIA. ¿DÓNDE ESTÁ, OH MUERTE TU AGUIJÓN? ¿DONE OH SEPULCRO, TU VICTORIA? AMEN."

Finalmente lo transfirieron a un cuarto regular, cuando salimos los dos victoriosos del cuarto de cuidados intensivos, David traía su brazo vendado levantado hacia arriba, fuimos juntos a orar por todos los niños del hospital, testificando que Jesús podía sanar a todos los niños, como lo había hecho con él, si tan solo creyeran en Él.

Empezamos una segunda batalla, los médicos querían arrancarle la piel de la espalda y de sus muslos, para injertársela en el pecho, pues los médicos creían que su herida no podría cerrar por si sola y si no lo intervenían rápidamente con los injertos, corría riesgo de morir infestado, entonces comenzamos a orar y a ayunar desesperadamente y nos fue revelado a todos, a mi esposa, a Franco y a mí, que si lo intervenían con cirugía, él moriría, sólo a través de la resurrección de Cristo por fe, podría vivir.

Comenzamos a eludir la cirugía a toda costa, no autorizamos el permiso para que lo intervinieran, todos los médicos decían que teníamos que hacer la cirugía lo más pronto posible, David sufría mucho, como nadie en el mundo, pues sin anestesia raspaban su cuerpo todo los días para quitarle la proteína (carne muerta) para que no se infestara, esto le causaba un terrible dolor, se desmayaba de dolor cada cinco minutos, lo sostenían de las manos entre dos, y otro enfermero le hacía el raspado, se desangraba todo, él sólo pesaba treinta y siete libras, yo agonizaba cada vez que le hacían esto, clamaba a Dios a gritos, a veces parecía que Dios se había olvidado de nosotros, a David nunca lo dejé solo, aunque los médicos recomendaban que no viéramos las curaciones, yo nunca me quise separar de él en sus angustias.

Un día mientras le hacían la curación, orando por él, para que Dios interviniera en su dolor, se desmayó por unos segundos y recibió el bautismo del Espíritu Santo, pues despertó hablando en lenguas, me tragué con él todo su sufrimiento, cuando terminaban la brutal curación, él quedaba como muerto y yo quedaba llorando, diciéndole, te amo mucho David, tu eres valiente, tu eres David de Cristo. Aunque no teníamos dinero, yo le compraba un juguete casi todos los días, le daba de comer con mis propias manos, pues lo amaba más que a mí mismo.

Un día de tantos, vino a visitarlo una profetiza llamada María, la cual sabíamos de seguro, que Dios la usaba, pues todo lo que nos había profetizado se cumplió, aun ella había profetizado que algo le pasaría a David, antes que se quemara, y nos dijo, oren mucho por David. Cuando María vino a visitarlo al hospital, profetizó sobre David, diciendo: **SATANÁS TRATO DE MATARLO, PORQUE EL TIENE UN MINISTERIO GRANDE DELANTE DE DIOS Y GANARÁ MUCHAS ALMAS PARA CRISTO.**

Pasando un mes, logramos un traslado al Jackson Memorial Hospital de Miami, a la unidad de quemados, dirigida en aquel entonces (1995) por el Dr. Ward, pensábamos que nos iría mejor con los médicos de Miami, creíamos que podríamos convencerlos de que no le hicieran la cirugía a David, pero fue lo contrario, el hospital de New Orleáns, Dr. Clien llamó a Dr. Ward a Miami y le dijo que le hicieran la cirugía lo más pronto posible y lo indispuso contra nosotros, seguramente diciéndole que éramos cristianos locos rematados, pues nos habían visto orando y llorando todos los días, para él éramos locos, pues el Dr. Clien, era judío.

El Dr. Ward del Jackson Memorial Hospital nos trató muy mal, tomó la cosa como si fuese personal, ni siquiera nos hablaba, prohibió que durmiera alguien con el niño, aun las visitas nos las limitó en gran manera, esto hizo sufrir mucho a David, pues se pasaba llamando a su hermano Franco, porque quería verlo y no podía, porque el Dr. Ward, no lo dejaba entrar.

En esos días mientras estábamos en el hospital Jackson, ingresaron a dos policías que habían sufrido quemaduras de tercer y cuarto grado al igual que David. Dr. Ward se hizo cargo de ellos, y le hizo la cirugía de injerto a uno de los policías, se halló que perdió mucha sangre y murió, esto me puso muy alerta, yo sabía que sólo a través de **CRISTO**, David viviría.

Dr. Ward nos puso contra la espada y la pared, pues llamó a los trabajadores sociales, los cuales hicieron una reunión en la cual mi esposa estuvo presente. Dr. Ward nos dijo, que nos daba setenta y dos horas, para firmar la autorización para realizarle la cirugía a David, o nos entregaba en manos del Departamento de Cuidados de Niños del Gobierno, el cual nos quitaría a David y tomarían su custodia legal y aprobarían la cirugía.

Yo, recordando el sueño que Dios me había dado, en el cual me mostraron una crema medicinal, diciéndome: **PADAN-ARAM Y QUE NO SE TE OLVIDE.** Tomé la decisión, de llevarme del hospital al niño a escondidas, no obstante, había aprendido, todo el manejo de la curación y aún la administración de los antibióticos y la crema llamada Sulfadine, todo esto lo aprendí, fijándome meticulosamente en los médicos y en enfermeros, pues sabía que al final tendría que huir como había visto en el sueño.

Un día antes que se cumpliera el plazo, solicite llevar al niño al cuarto de juegos, el personal del hospital, asignó a una enfermera para acompañarnos, mas ella dejándonos solos, se fue, y aprovechando el momento tomamos el ascensor y nos fuimos rumbo al auto, conseguimos un auto rentado, en el cual partimos de Miami de regreso a New Orleáns. Cuando llegamos a New Orleáns encontramos que habíamos perdido nuestro apartamento, gracias a Dios, nuestros muebles, los había guardado un amigo cristiano llamado José García, el cual nos tuvo que hospedar en su casa, pues no teníamos donde ir, estábamos en la calle y con David quemado. Mientras posábamos en la casa de José, en New Orleáns, mal vendimos todo lo que teníamos, incluyendo el carro.

Sabía que el **FBI** vendría, tenía que moverme de esa ciudad. Llamé a una prima que vive en San Francisco, California, para ver si podía recibirme allá, le expliqué mi situación, que David estaba entre la vida y la muerte, que tan sólo me recibiera por dos semanas y yo después me iría a un apartamento, pero ella me negó su ayuda.

Pensé en irme a Nicaragua con toda la familia, pero las condiciones clínicas de David, no lo permitían, él tenía que estar en un lugar donde no hubiera polvo, en aire acondicionado, un lugar que estuviera casi esterilizado, pues si un germen tocaba sus heridas profundas, podía infestarse y morir, pensé que Nicaragua no era el lugar apropiado. Todo indicaba que se me había hecho muy tarde, no obedecí a la voz de los ángeles, que vinieron a mí y me dijeron: Nicaragua, Nicaragua y me mostraban una puerta, antes que todo esto aconteciera, ahora estaba sin salida, mi esposa y yo estábamos desesperados.

Pensé que era un cristiano más fuerte, pero me di cuenta que todavía no lo era, viendo enfrente de mí la probabilidad de que David muriera, fueron sacudidos los cimientos de mi alma, nunca había tenido un sufrimiento tan grande como éste, pues el sufrimiento de David, era extremadamente grande, yo no sabía quien sufría más, si él con su dolor agonizante, o yo al verlo a él.

Muchas veces debilitándome decía, si él muere ya no quiero vivir, no me quería separar de él ni siquiera un segundo, a veces mi mente se turbaba y pensaba tirarme de un cuarto piso si él moría, pero sabía bien que no podía hacer esto, porque me iría al infierno y ahí, él no estaría, sólo me quedaba clamar y clamar a mi Dios y esperar en Él.

Al pasar dos semanas estando viviendo en casa de mi amigo José, lo incomodamos mucho, pues toda su familia vivía ahí con él, y no cabíamos, ellos entonces decidieron echarnos de la casa, José me dijo: No te puedo tener mas aquí, tienes que irte, lo siento mucho, llamé por teléfono a unos amigos y no quisieron recibirme, mi esposa y yo estábamos angustiados en gran manera.

Estando juntos mi esposa, los tres niños y yo, en una habitación en casa de José, mientras llorábamos y comentábamos entre sí, la terrible situación; que José nos había echado y no teníamos donde seguir cuidando a David, de pronto sin darnos cuenta, David salió de la habitación y fue a pararse delante de José y le dijo: ¿porqué me estás echando de tu casa? Esto impresionó a José, pues David sólo tenía cinco años, enseguida José se paró y fue al cuarto donde estábamos todos y nos pidió perdón y dijo, quédense aquí hasta que Dios les dé un lugar.

Una semana después conocimos una mujer panameña, la cual vivía en un apartamento de dos cuartos y buscando ella a quien rentarle uno de los cuartos, nosotros lo arrendamos dándole el dinero, después de haberle pagado la renta a la panameña todo lo que sobró del dinero de la venta de los muebles y el carro, lo usamos en las medicinas de David, la crema sulfadine y otras cosas más.

Las medicinas eran carísimas, costaba como ciento cincuenta dólares hacerle las dos curaciones necesarias cada día, no teníamos ni un mueble, sólo nos quedaban nuestras almas, las medicinas de David y unas cuantas sábanas, las cuales pusimos en el piso sobre la alfombra, solamente nos habíamos quedado con un colchoncito para acostar a David y proteger sus heridas del polvo, yo siempre quería dormir al lado de él, mas él prefería a su mamá, entonces ella se acostaba al lado de él, hasta que se dormía, y estando él dormido nos cambiamos y yo terminaba durmiendo con él, porque yo lo amaba tanto que prefería en ese entonces dormir con él para cuidarlo muy de cerca, le llamábamos David de Cristo.

Durante toda su prueba se portó valiente en gran manera y nunca se deprimió, sus ganas de vivir eran más grandes cada día, siempre pensaba en jugar y pasear.

Como un mes después, una noche, David se prendió en fiebre, el termómetro marco 41.1°C (106°F) inmediatamente le quité el vendaje para ver sus heridas, se habían puesto verdes, comencé a ponerle paños de agua muy fría, le di Tylenol con codeína, lo bañé y le limpié las heridas, pero la fiebre no le dejó, me tiré al piso y comencé a llorar amargamente, gritando sin parar ¡Señor ayúdame! y comencé a orar diciendo, Cristo, no dejes morir a mi hijo, si es tu voluntad que vaya preso por mi problema en Ohio, sea tu voluntad y no la mía, pero te pido que la fiebre se vaya de él, cuando terminé de orar, inmediatamente tomé el termómetro y se lo puse en su boca, la fiebre le había dejado milagrosamente, el termómetro marco 37°C (98.6°F) entonces supe que había llegado la ora de irme preso.

Le dije a Dios en oración: Señor, no tengo valor para entregarme, te pido que envíes apresarme si es tu voluntad que vaya preso, sólo te pido que no permitas que me golpeen, mas sea tu voluntad y no la mía, fue hasta entonces que yo comencé a decir, sea tu voluntad y no la mía, respecto a este problema, pues en todo lo demás, sí lo decía, mas cuando oraba por este problema específico, siempre decía, Señor, nunca permitas que me agarren, ni permitas que me separe de mi familia. Misteriosamente yo tuve que dar el permiso en oración para que me capturaran, de lo contrario, nunca se hubiera podido efectuar, Dios es muy fiel.

David se restauró de la infección, seguimos sus curaciones regularmente, sentí en mi corazón darle proteínas de las que usan los físico culturistas para crear músculos, los potes que compré mostraban la foto de un hombre musculoso, yo le decía a David, tómatelo para que te pongas fuerte como él. Oraba y ayunaba por él todos los días y le daba tres batidos de proteínas al día, mucho pescado, huevo, carne y jugo de uvas. El Señor fue cerrando sus heridas rápidamente, su sanidad había prosperado en gran manera.

Un día David tuvo una visión estando con los ojos abiertos, exclamó diciendo: Papá estoy viendo al **FBI** que suben por las escaleras y entran a la casa con escopetas y pistolas, vienen a agarrarte para llevarte preso, mi esposa y yo nos quedamos viendo el uno al otro, sabíamos que el día de mi partida estaba cerca, oramos y nos quedamos dormidos.

Al llegar la mañana del día siguiente, yo estaba muy triste, mi esposa quiso darme un beso y le dije que no, que tenía que orar, ofrecí mi ayuno de ese día y cuando terminé de orar, me levanté del piso para preparar el desayuno de David, pero vi que David aún estaba dormido, entonces me arreglé para salir a la calle e ir al viejo apartamento y revisar si nos había llegado algo por correo.

Tomé la bicicleta de mi hijo mayor y me fui, cuando llegué allá, estando parado frente al buzón, observe que me miraba la manager, la cual estaba parada en un pasillo de los apartamentos y me dijo: tengo una caja para ti que te vino por correo, la cual el cartero dejó en mi oficina, en efecto yo estaba esperando una caja de medicinas que supuestamente mi suegro me iba a mandar de Miami, la cual nunca llegó. Enseguida fui tras ella, a buscar la caja, ella me hizo pasar a la sala de espera de la oficina, diciéndome, siéntate y espera aquí, pasando como cinco minutos me impacienté, pues ella no traía la caja, entonces un hombre alto, como de treinta cinco años de edad, salió de una oficina que estaba más adentro, él estaba muy elegantemente vestido en un traje gris, simuló como si iba hacia la puerta y volviéndose de la puerta, sacando su chapa del **FBI**, me gritó diciendo; estás bajo arresto, yo le dije ¿Por qué? Él dijo ¿Te acuerdas de lo que pasó en abril 7 de 1989? Entonces yo dije, no puedo ir contigo, porque tengo un niño enfermo y no lo puedo dejar, yo tengo que cuidarlo, él respondió diciendo: Yo sé, no te preocupes yo me encargaré de eso. En fracciones de segundos yo me angustié en gran manera por David, pensando qué sería de él, si yo me fuera, además no quería separarme de él hasta que él estuviera completamente sano. Comencé a correr dando vueltas por toda la oficina, diciendo, no iré contigo, tengo que cuidar a mi hijo, mas él sacando sus esposas corría tras mí, mientras corría observé una ventana, que quedaba en la última oficina al fondo del local que daba hacia la calle, corrí hacia esa ventana y abriéndola salté hacia fuera, el agente especial del **FBI**, me agarró por las dos piernas y colgándose de mis piernas trataba de detenerme, sentía que me las quebraba, entonces vertiginosamente giré mi cuerpo y con toda mi fuerza le hundí mi puño derecho en su cara, al instante él me soltó las piernas y yo caí al piso, la altura era solamente de un metro, pues estábamos, en el primer piso, el agente especial del **FBI** empezó a gritar frenéticamente, llamen al 911, (número de emergencia en EE.UU.). Comencé a correr con todas mis fuerzas en zig-zag por si él disparaba, pero habiendo algunas personas en el área por donde yo corría, no pudo dispararme. Corrí como tres calles, llegué a una farmacia y llamé por teléfono al servicio de taxis para que me enviaran uno, también llamé a mi esposa, la cual estaba trabajando en una panadería, en la cual había empezado tres días atrás, para proveer para la comida, ya que yo había decidido quedarme cuidando a David en casa, le conté lo que había sucedido, le dije que orara, pensé en irme al aeropuerto e irme a Nicaragua.

Pasando unos minutos empecé a angustiarme por David y decidí regresar a la casa donde estaba viviendo, para buscar a David y a toda la familia y entonces irme al aeropuerto, cuando llegó el taxi, le hice seña con la mano diciéndole que no, que no lo necesitaba. Llamé a una persona conocida para que viniera a buscarme a la farmacia y me llevara a mi casa, pasaron como veinte minutos y esta persona llegó y me llevó a mi casa.

Cuando íbamos en camino hacia la casa, pude observar, toda la manzana totalmente rodeada por un perímetro de policías del estado, todo el batallón de la estación de Jefferson Parish estaba buscándome rodeando el área, pero llegué hasta mi casa. Cuando llegué a mi casa reuní a mis tres niños y les dije que me estaban buscando, nos pusimos muy nerviosos, recogimos todas las medicinas de David y comenzamos a ponerlas en una caja para salir huyendo, cuando abrimos la puerta para salir, pudimos observar que decenas de policías subían corriendo por las escaleras armados con escopetas y pistolas, entonces cerré la puerta y tristemente, comencé a despedirme de mis niños, abrasé a David y lo bendije y le dije, vive para siempre, entonces todos lloramos, cuando terminamos rápidamente de despedirnos, me dirigí hacia el balcón de atrás, pues yo vivía en un cuarto piso y al ver que no había ningún policía ahí, comencé a descolgarme por las rejas desde el cuarto piso al primero, los niños se quedaron en el balcón. Franco mi niño mayor me decía, me quiero ir contigo, mas yo le contesté que no, que se tenía que quedar cuidando a David.

Cuando llegué a bajo me eché a correr y saliendo a una calle me interceptó una patrulla de policías y viéndome un oficial de policía, paró el carro en medio de la calle, el cual bajándose me apuntó con una pistola nueve milímetros, lo ignoré y seguí caminando, el oficial llamó por el radio para que le enviaran refuerzos, al instante aparecieron como veinte hombres, los cuales haciendo un círculo me rodearon apuntándome con sus pistolas, me quedé parado inmóvil, mientras ellos cerraron el círculo hasta llegar a mí, los oficiales con mucho respeto me dijeron: ¡Ponte de rodillas! Lo cual obedecí, y acercándose uno de ellos me esposó.

Me metieron en un carro de policías y teniéndome ahí, de repente llegó corriendo el agente especial, Michael Maclean, (**FBI**) al cual yo había golpeado con el puño, el oficial Maclean, señalando su cara, me decía, mira lo que me hiciste, pero no se atrevió a tocarme ni un pelo, entonces me acordé que le había pedido a Dios en oración, que no me golpearan, Dios es demasiado fiel.

Me llevaron en la patrulla de policías hasta el parqueo de los apartamentos donde vivía, y desde el carro pude ver a mis niños en el cuarto piso, los cuales estaban descalzos siendo forzados a salir del apartamento y venían llorando muy asustados, pues aun David venía vendado, porque no le habían sido sanadas totalmente sus heridas, esto causó una angustia desmedida en mi corazón.

Seguidamente me llevaron a la estación de policías de Jefferson Parish, pues el agente Maclean, tenía miedo de llevarme por si solo en su carro a las oficinas del **FBI**, Maclean dejando instrucciones, me dejó custodiado con todo el batallón de Jefferson Parish, mientras él fue a buscar a un compañero del **FBI** para que lo reforzara en mi traslado, mientras me quedé acompañado con el batallón del Jefferson Parish (como veinte hombres) Ellos me comenzaron a preguntar, porqué el **FBI** estaba tan interesado en mí, entonces me di cuenta que los agentes del **FBI** no comunican, ciertas cosas, a los policías regulares, pues estos policías del Parish, no sabían la razón por la cual ellos mismos me habían capturado.

Teniendo una gran sed, rogando, pedí agua, un policía dijo, si nos das tu fecha de nacimiento, te daremos el agua; con esta fecha podían investigar todo acerca de mí, entonces les di mi fecha de nacimiento; pasando como tres minutos, todos ellos gritaron: "él le disparó a uno de nosotros" hablaban todo tipo de insultos, diciendo entre ellos ¿Cómo le vamos a dar agua a este hombre? Especialmente porque me la tenían que dar de su mano, pues yo estaba esposado con las manos hacia atrás y no podía tomar el vaso, mas una mujer policía, quiso guardar el acuerdo que yo hice con ellos, y trayendo un vaso de agua, llevándolo hacia mi boca, me dio de beber. Desde aquel día yo nunca olvido a esta mujer "de cierto, no perderá su recompensa."

Como una hora después, el agente Maclean regresó con otro compañero, el cual era muy distinguido, parecía un artista de cine, ellos trajeron una cadena muy larga, era especial, con esta cadena me encadenaron todo el cuerpo, desde los pies, hasta la cintura, juntamente con mis manos, me dejaron inmovilizado y metiéndome en el carro de policía partimos hacia las oficinas del **FBI** que estaban en New Oreáns, LA. Mientras íbamos en camino, estando sentado en el asiento de atrás junto a la ventana derecha, viendo hacia el cielo alcé mi voz y lloré por mi hijo David, no soportaba la realidad de haberlo abandonado involuntariamente, cuando los policías me vieron en este estado emocional, fuera de sí, aprovecharon y empezaron a preguntarme sobre el caso de Ohio, para hacerme confesar según ellos, algo que me comprometiera para usarlo en mi contra, me decían, le disparaste a un pobre policía de los que ayudan a cuidar a los niños, entonces yo respondí ¿Cómo está él? ¿Murió? ¿Qué le pasó? Ellos respondieron, no sabemos mucho, sólo sabemos que está vivo.

Cuando llegamos a las oficinas del **FBI**, estando en el parqueo, me bajaron del carro y caminando los tres hacia el edificio, no pudiendo mover mis manos porque estaba totalmente encadenado, incliné mi cabeza en el hombro del agente Maclean y le dije, perdóname en el nombre de Cristo, por haberte pegado, él me respondió, no te preocupes no te vamos a pegar, mas yo le expliqué que no le estaba pidiendo perdón por miedo a que me pegaran, sino porque era cristiano y estaba arrepentido de haberlo golpeado.

En las oficinas del **FBI** me tuvieron como dos horas tratando de gravarme, pero dije muy pocas cosas, entre las cuales dije, "yo disparé en defensa propia y Dios me va a ayudar". Teniéndome por loco, desistieron de preguntarme, y me fueron a dejar al Orlean Parish Prison (**OPP**). Cuando llegamos allí me quitaron mis ropas y me dieron un uniforme azul de preso.

22 de diciembre de 1995

Me llevaron por muchos portones de hierro que parecían bóvedas de bancos, sentía que había perdido mi vida y no volvería a ver a mi familia. Cuando la puerta se cerró, un miedo de destrucción eterna se apoderó de mí, me asignaron una cama de hierro con un colchoncito arriba, en la cual me acosté con una gran angustia. Encontré una Biblia en la celda, la cual no despegaba de mi pecho, no paraba de orar y de pensar en David y en toda mi familia. La idea de perder a mi esposa me desvanecía, todavía podía escuchar en mi mente los gritos de dolor que daba David cuando lo curaban en el hospital; por momentos pensaba que Dios me había dejado para siempre. Estaba desconcertado, no sabía como ponerme en pie, estaba turbado y confundido, no comprendía el plan de Dios en mi vida, en mi confusión empecé a volver a arrepentirme de todos mis viejos pecados, como si nunca hubiese sido perdonado. Creía que estaba bajo un gran juicio de Dios, temblaba de terror bajo mi frazada al pensar qué iba hacer del futuro de mi familia, pero no paraba de leer la Biblia, tenía que dormir con ella apretándola fuertemente a mi pecho.

Estaba muy consciente que solamente si Dios enviara desde su trono una palabra de salvación, yo podía ser liberado de esta situación tan terrible; empecé a contar los días, creyendo que iba a salir en cinco días, por causa del sueño donde se me dijo: **HE AQUÍ CINCO DÍAS ESTARÁS PRESO**.

Cuando pasaron los cinco días, meditando en esto, vino a mi mente el pasaje de la Biblia, cuando los fariseos le dijeron al Señor que se fuera de ahí, porque Herodes quería matarlo y Él les contestó: Es necesario que "hoy y mañana y pasado mañana siga mi camino; porque no es posible que un profeta muera fuera de Jerusalén." *(Lucas Capítulo 13 versículo 31 al 33)* el Señor contestó a los fariseos: hoy, mañana, y pasado mañana, esos tres días para dejar saber los tres años que duraría su ministerio, por esta escritura, supe que los cinco días de los que el Señor me habló, serían cinco años.

No me bañé por semanas, y un día que lo hice, estando solo en la ducha, comencé a recordar involuntariamente los gritos de David cuando lo curaban, tuve que salir corriendo del baño.

Pasando como un mes de mi arresto, me llevaron ante el juez el cual me preguntó ¿Cómo fue que golpeaste al agente del **FBI** en la cara? Yo tratando de defenderme de alguna forma, le mentí, diciendo: "Señor juez, yo no lo golpeé, él se golpeó solo contra el muro de la ventana cuando se tiró a agarrarme los pies para detenerme" el juez me miró y haciendo un gesto de descreencia, dijo: "¡Ya veremos!" Y terminando la audiencia me llevaron otra vez a la celda. Esa misma noche el Señor me habló en sueños y dijo: **POR CUANTO HAS MENTIDO, YO NO ESTARÉ CONTIGO EN ESTE CASO.** Cuando me desperté, temblaba de terror, comencé a llorar y a pedirle perdón al Señor por haberle mentido al juez.

Días después estando muy triste recordé el sueño que tuve en Guatemala el cual es, **ESTA ES LA HISTORIA DE UN JOVEN QUE FUE SALVO POR JESÚS.** Empecé a recordar que en el sueño estando preso, mi esposa vestida de blanco me había dicho: **NO TE DEJARE AQUÍ, POR EL AMOR DE CRISTO.** Esto significaba, que ella me esperaría y al final yo sería libre y un día se escribiría; **ESTA ES LA HISTORIA DE UN JOVEN QUE FUE SALVO POR JESÚS,** lo cual significaba que un día yo le contaría al mundo, cuan grandes cosas había hecho Jesús conmigo, me animé un poco y empecé a orar con mucha fe.

Un día mientras todos los presos de mi celda esperaban que trajesen la comida, la cual traían estrictamente a las 12:00 del día, sentí mucho sueño y quise dormir, pero viendo que sólo faltaba media hora para que trajeran la comida, sabiendo que esto impediría mi sueño, dije: "que se atrase la comida para que yo duerma" y me quedé dormido; pasando un lapso como de dos horas, me desperté al escuchar que todos los presos se quejaban a gritos porque la comida aún no había venido, vi el reloj y noté que eran las 2:00 de la tarde, entonces me acordé, que había dicho: "que se atrase la comida" de repente, aparecieron los guardias con la comida y nos dieron de comer, entonces supe que había sido el Señor que escuchó mi voz, pues lo que había deseado mi corazón había acontecido, me alegré mucho por esta causa, empecé a orar al Señor, diciendo: Señor, si me vas a librar de mis problemas en Ohio, la próxima vez que me lleven a corte, cuando me pongan las cadenas en mis manos y en mis pies, te ruego se me habrán por si solas y sabré que tu me librarás, yo no pedí al Señor que me ayudara en el caso de New Orleáns, pues el Señor, ya me había dicho, que Él no estaría conmigo en este caso, por cuanto le había mentido al juez, sólo pedí por el caso de Ohio, el cual era serio de verdad, pues estaba enfrentando como cien años de cárcel si me hallaban culpable en el juicio.

Dos semanas después del incidente de la comida, tuve que ir a corte otra vez, dos oficiales del correccional se presentaron en la celda, llamando mi nombre y tres nombres más nos sacaron de la celda a los cuatro y nos llevaron a una cancha de basketball que había ahí para encadenarnos y llevarnos a corte en un van, los oficiales tomando dos presos cada uno, empezaron a encadenarnos, el oficial encargado de encadenarme a mí y a otro más, empezó a encadenarme a mi primero, cuando terminó de encadenarme, continuó con el otro preso que le tocaba, mientras el oficial encadenaba al otro preso, yo entonces mirando las cadenas que me ataban, dije: **"EN EL NOMBRE DE JESÚS"** de inmediato las cadenas se me abrieron y se me cayeron de las manos y los pies, enseguida el oficial procedió a encadenarme por segunda vez, sin haber terminado de encadenar al otro preso, cuando terminó de encadenarme por segunda vez, prosiguió a encadenar otra vez al otro preso, nuevamente mirando las cadenas volví a decir: **"EN EL NOMBRE DE JESÚS"** y se volvieron a abrir de mis manos y pies y cayeron al piso, entonces el otro oficial que ya había terminado de encadenar a sus dos presos, le reclamó al guardia encargado de encadenarme a mí y le dijo: ¿Qué te pasa, estás jugando? y enfadándose el guardia encargado de encadenarme a mí, le contestó grotescamente: ¡Que culpa tengo yo, que a este hombre se le caigan las cadenas! Entonces, interrumpí en la escena y dije: No se peleen, pues yo oré a Dios por esta señal, que si Él me iba a librar de la cárcel, se me abrieran las cadenas; entonces el guardia encargado de encadenarme, grandemente sorprendido, se alegró y me dijo: ¡Hombre, Él te la está dando! Desde entonces me comencé a bañar cada tres días.

Mi esposa e hijos habían partido un día después de mi arresto para Miami. Mi suegra los recibió. Unos días después de haber llegado, Innova tuvo que llevar a David al Jackson Hospital, al mismo lugar donde había sido anteriormente atendido, de donde yo me lo llevé, cuando el médico le vio las heridas, preguntó ¿Quién hizo este trabajo? Mi esposa respondió: mi esposo y yo, y él contestó, hicieron un buen trabajo, pues ya no necesita cirugía y envió a David con mi esposa a terminar el tratamiento en casa. Mi esposa dijo, que ella y yo habíamos hecho el trabajo, pues pensó que el doctor no entendería que había sido el Sanador Divino, el Gran Señor Jesús.

(1 Pedro 4: 12 y 13)
"Amados, no os sorprendáis del fuego de prueba que os ha sobrevenido, como si alguna cosa extraña os aconteciese, sino gozaos por cuanto sois participantes de los padecimientos de Cristo, para que también en la revelación de su gloria os gocéis con gran alegría."

David un mes después del accidente.

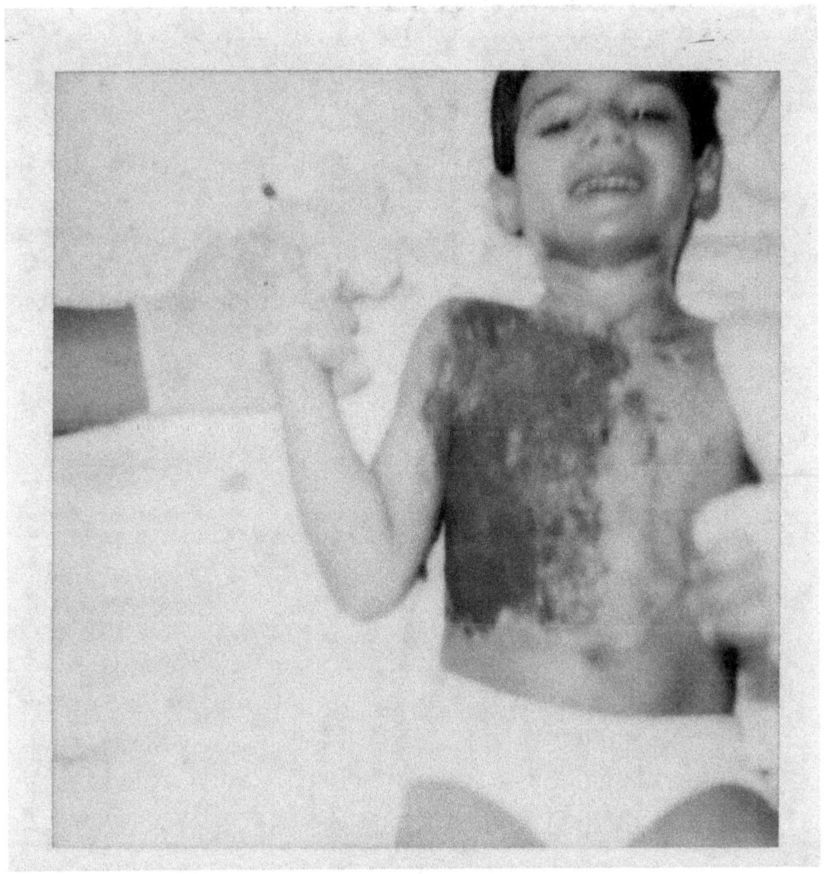

David seis meses después del accidente.

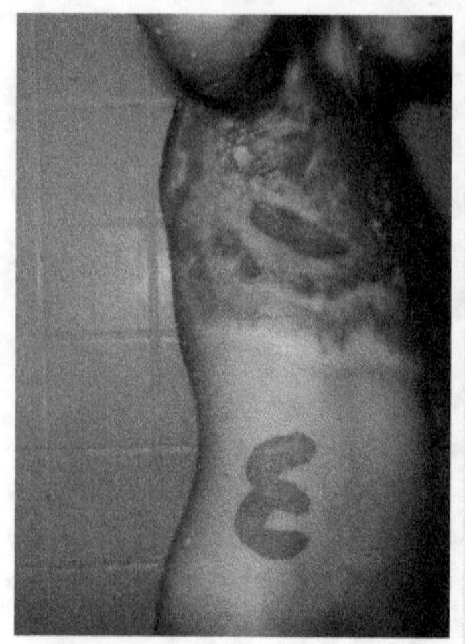
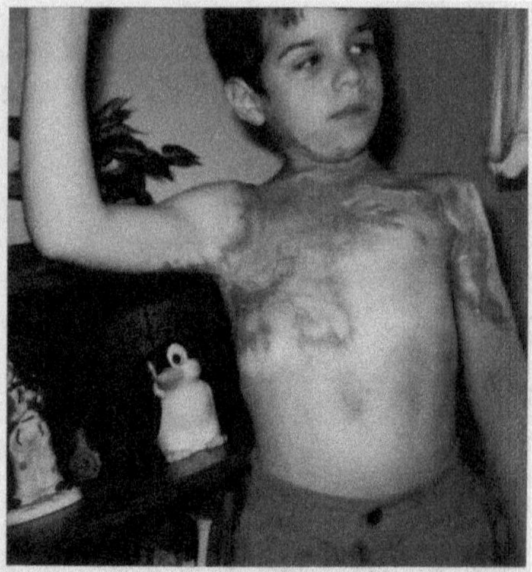

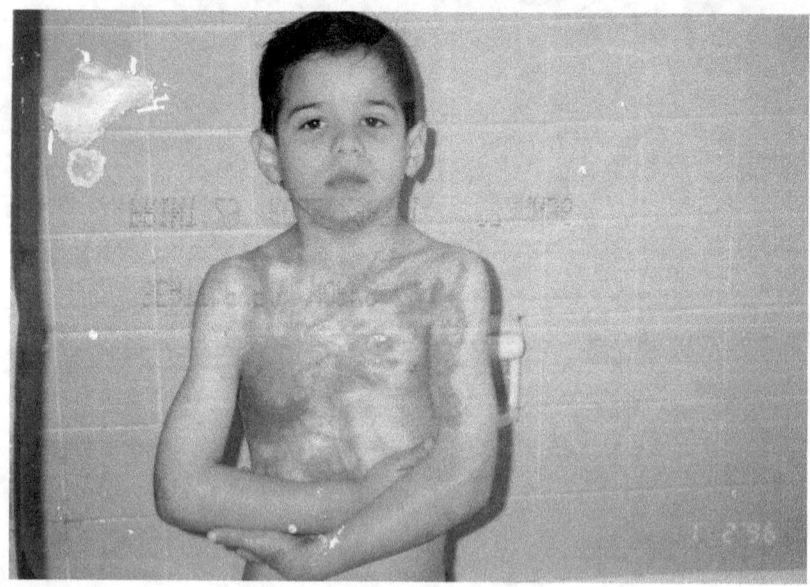

**"Las oraciones a Cristo fueron sanando a David,
Dios nunca falla, las oraciones, sí trabajan."**

David ocho meses después del accidente.

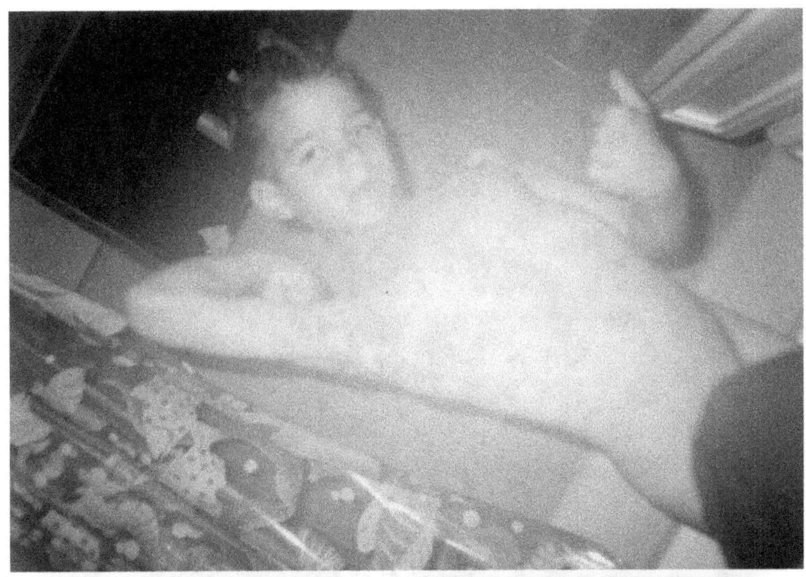

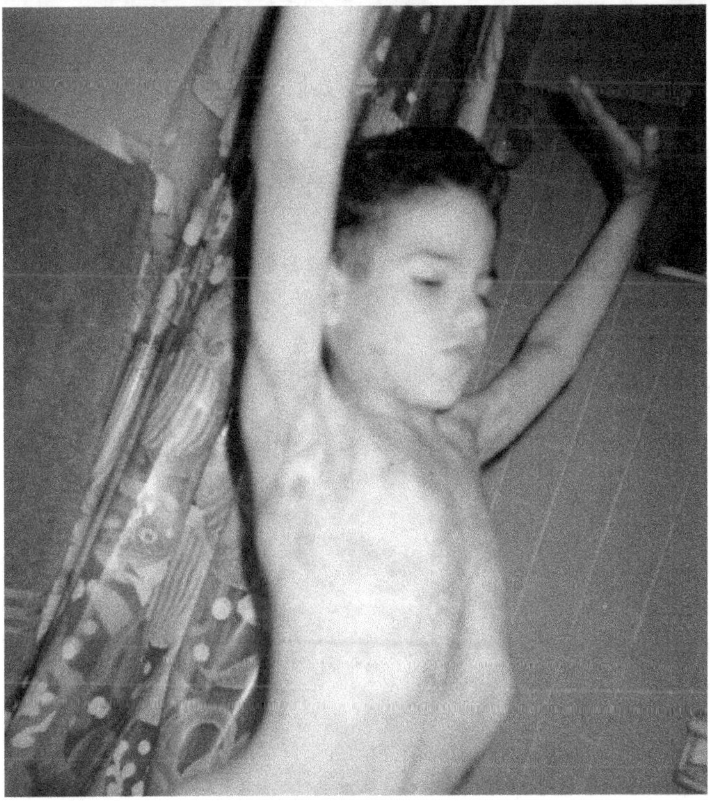

UN NIÑO QUE FUE SANO POR JESÚS

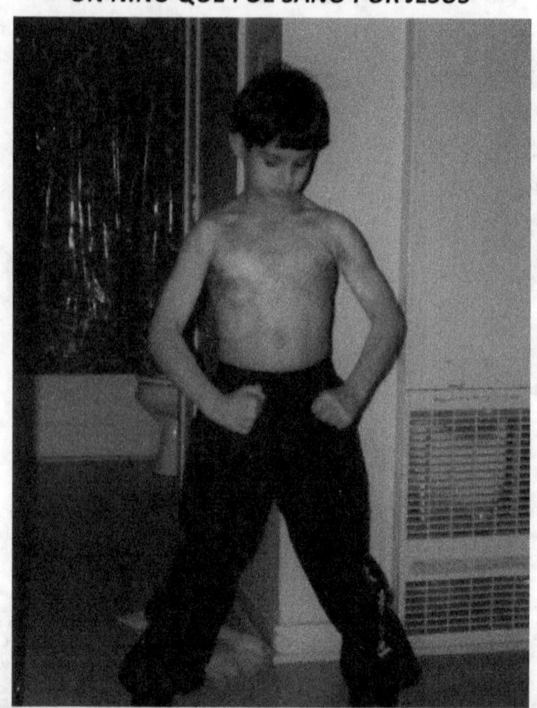

(Mateo 7:25)
*"Descendió lluvia, y vinieron ríos, y soplaron
vientos, y golpearon contra aquella casa; y no
cayó, porque estaba fundada sobre la roca."*

Mi esposa me mandaba una carta todos los días, ella dijo: que pasara, lo que pasara, me iba a esperar, que así como yo había venido por ella arriesgando mi libertad, ella ahora me esperaría. Unos días después, me trasladaron a una cárcel llamada Tangipahoa en el mismo estado de Louisiana. Ahí habían muchos hombres que ya llevaban mucho tiempo preso. Estos presos eran diferentes, ya no estaban asustados, pues eran como leones, todo era territorial, faltarle el respeto a uno de ellos, significaba la muerte, muchos de ellos llevaban de diez a quince años presos. Eran presos cubanos que habían venido por el Mariel. Me compadecí mucho de ellos, pues después de cumplir sus condenas tenían que quedarse indefinidamente presos, porque no podían ser deportados a Cuba. Todos ellos me contaban que extrañaban a un hijo o hija que habían dejado ya de ver por muchos años, pues aun ya habían perdido el contacto completo con sus familias, me pareció inhumano, no podía comprender que sus vidas valían tan poco para el Sistema Federal. Pasando tres meses en ese lugar, se acercó mi sentencia del caso menor en New Orleáns (la fractura del pómulo, al agente especial Michael Maclean) de lo cual Dios me dijo, que no estaría conmigo, porque le había mentido al juez. Innova, mi mamá y David vinieron de Miami, para estar conmigo el día de mi sentencia.

En febrero 28, de 1996, fui llevado a la Corte Federal del distrito de Louisiana en frente del juez McNamara, el cual me sentenció a la máxima sentencia que conllevaba aquel cargo, 51 mes (4 años y 3 meses). Esto me trajo mucha confusión y tristeza, pues el Señor me había dicho que sólo cinco días estaría preso, (cinco años) Y si en esta primera condena me habían dado ya 4 años y 3 meses, que se podía esperar para el otro caso, el cual era más serio. Pero seguí confiando en el Señor, sabía que la historia de un joven que fue salvo por Jesús, tenía que cumplirse.

Al día siguiente mi familia vino a visitarme a la cárcel. En la cárcel de Tangipahoa no se permitía a los presos federales tener visita de contacto con nadie, cuando mi familia fue a verme a dicha cárcel, me colocaron detrás de un vidrio, no podía tocarlos. Cuando me vio David, se conmovió mucho y me puso un paquete de chicles del otro lado del vidrio que él me había traído, pero no los pude tomar porque el vidrio no me lo permitía, la visita duraba sólo treinta minutos, cuando nos despedimos, David se echó a llorar diciendo: yo me quiero quedar contigo, yo entonces impotente le dije: tú no puedes hijito, pero no te preocupes porque yo no estoy solo, JESÚS está conmigo, entonces él dijo: Yo sé que JESÚS está contigo, pero yo también me quiero quedar atrapado aquí contigo. Al verlo a él desesperado, le dije: pon tu mano sobre el vidrio, vamos a orar, y puse mi mano contra la suya, separadas solamente por el vidrio, oré y dije: Señor Jesús, te ruego que cuando vaya de regreso caminando hacia la celda, tu abras una puerta y yo pueda abrazar a David, y despidiéndome de él, le dije, sólo cree. Entonces el guardia me apuró diciendo, la visita ha terminado, y empecé a caminar hacia mi celda, no había dado ni treinta pasos, y una puerta grande de hierro se abrió automáticamente, ahí estaba David enfrente de mí. Yo me tiré al piso de rodillas para que los guardias no pensaran que me iba a escapar, pues esta puerta daba hacia la calle, llamando al niño, él corrió hacia mí, y le dije, ¡viste que **CRISTO** oyó nuestra oración! Y no teniendo mejor expresión de amor para con él, lo abrasé y le lamí las cicatrices de sus quemaduras, él se puso muy contento, también besé a mi esposa y a mi madre, todo esto sucedió en un minuto. Después los guardias sin palabras me llevaron a la celda.

Dos semanas después me trasladaron a la prisión Federal de Oakdale, Louisiana. Al llegar ahí, después de haberme tomado la foto para la tarjeta de membresía del correccional, recibiéndola, observé que ahí estaba un número (24832-034) y entendí que éste era el número que el Señor me había mostrado en sueños el día que David se quemó. Cuando entré a los pasillos de aquella enorme prisión, me sentía bien solo, éste era mi nuevo hogar, de pronto apareció un buen samaritano, su nombre es Cándido Ortiz, un varón de República Dominicana, él rápidamente me consiguió una cama, me dio de comer, y me proveyó todas las cosas necesarias ¡Que bien se siente el trato de una amistad sincera en esos momentos! Nunca me podré olvidar de este hermano, no sé si aún está preso, pues le habían dado cincuenta años y sólo llevaba siete años preso, lo habían agarrado con un gran cargamento de coca. Al día siguiente, Cándido me mostró todo el lugar.

Cándido era un líder entre todos los hispanos, a pesar de ser un joven de corazón noble y amable, era muy respetado en aquella prisión, él tenía mucho control sobre todo los presos. Me fue de gran ayuda en aquel lugar. Un día de tantos, lo vi de rodillas orando, y me maravillé de que él también le oraba al Señor, aunque él no conocía bien la palabra de Cristo. Me dediqué a hablarle del Señor, lo invité a unirse conmigo en oración, diciéndole que el Señor podía romper sus cadenas según su voluntad. Él trató de seguir lo que yo le decía, pero ahogado por las pocas distracciones que habían allí, no persistió.

Cándido, donde quiera que te encuentres recuerda que el Señor murió por ti, y te perdonó de todos tus pecados, y también resucitó para romper tus cadenas, con el poder que venció a la muerte. Te ama, tu hermano Federico, gracias por todo lo que hiciste por mí, el Señor te dé la recompensa.

Pasando seis meses de mi arresto, el estado de Ohio, envió a extraditarme a la prisión de Oakdale, llegaron a buscarme en un van de transporte de reos, me encadenaron desde la cintura hasta los pies, juntamente con las manos, me pusieron la famosa (caja negra) un objeto para inmovilizar completamente, el viaje fue sin parar, me sentía como un perro encadenado, pero no paré de orar en todo el camino, el Señor siempre se dejó sentir en mi corazón, la fortaleza del Señor estaba conmigo. Por fuera todo era muerte, por dentro todo era vida.

Cuando llegué a Ohio, al entrar en la corte del estado, pude notar que me estaba esperando la televisión, pensaban que habían agarrado a Al Capone II. A todo el sistema legal (policías) les parecía que habían agarrado a una especie de animal nunca antes visto, todos me querían ver, y de largo susurraban acerca de mí. Ellos ignoraban que el Señor estaba conmigo, pensaban que me harían pedazos. Fui llevado a la cárcel de Franklyn County de Columbus, Ohio.

Cuando entré a la unidad 2 West 9 (una celda grande que contenía treinta hombres) donde todos tenían casos criminales muy serios, estaban viendo la televisión, al verme entrar, todos ellos se sorprendieron y uno de ellos dijo: "¡Una celebridad ha entrado!" Entonces me felicitaban y decían, te vimos en las noticias por la televisión, ellos ya sabían todo sobre mí, que había disparado a dos policías, para ellos esto era fenomenal y me halagaban por ello, yo calmadamente les respondí, que estaba avergonzado de haber hecho eso, que eso no era nada bueno, que yo le había entregado mi vida a Cristo y estaba arrepentido, y además les dije, que todo había sucedido en defensa propia. Sin embargo, tuve mucha simpatía de parte de ellos, por causa de esto. Otra vez en este lugar me encontraba sin ver el sol, me comencé a entristecer nuevamente. El juez ordenó medio millón de dólares de fianza, mas una especificación del juez que aunque pagara la fianza, no me dejaran salir. Comencé a dejar de bañarme a pesar de ser muy limpio en mi aseo personal, pues la depresión fue creciendo poco a poco, hasta llegar a derribarme otra vez, aun el teléfono en casa de la mamá de mi esposa lo habían bloqueado por causa del costo de mis llamadas. Ahora había perdido hasta la comunicación por teléfono con mi esposa.

Mi tristeza era terrible, no me quería ni parar de la cama, pero nunca dejé de orar. Sólo sabía que el Señor me amaba y yo le amaba a él. Pasando unos días, tomé una decisión, que pasara lo que pasara, nunca dejaría de amar y confiar en el Señor, y le dije al Señor en oración: Aunque me den cien años nunca me quiero apartar de ti, tú eres todo en mi vida, me basta con la salvación de mi alma, y que resucitases y sanaste a mi hijo David. Cuando hube orado esta oración, comencé a olvidarme de mis problemas y empecé a predicar a aquellos hombres que estaban presos en esa celda conmigo.

Todos los presos comenzaron a orar conmigo y a leer la Biblia, empecé a enseñarles la palabra del Señor sentado desde mi cama, todos ellos me rodeaban para escucharme. Una gran paz comenzó a sentirse en aquel lugar. Todos ellos venían a preguntarme sobre el Señor, el día no daba abasto, pues empezábamos los estudios bíblicos desde las 9:00 de la mañana hasta que apagaban las luces a las 11:30 de la noche de cada día. Algunas veces yo me quedaba dormido de cansancio a las 11:30 de la noche, pero ellos seguían hablando del Señor alrededor de mi cama por tres horas más. Entendí que aunque el predicador se quedara dormido, el Señor les seguía ministrando. Esto me llenaba de gozo cada día, entonces el Señor vino en sueños a mí, y llamándome por mi nombre, me dijo: **FEDERICO, VE A JUICIO Y YO PELEARE POR TI.**

Para entonces ya mi esposa había conectado una línea telefónica en su habitación solamente para mí, llamándola por teléfono, le dije, que el Señor me había hablado, ella se puso feliz. Mi esposa me era de gran consuelo, estando preso, me mandaba una carta casi todos los días, teníamos una comunicación perfecta, nuestro amor seguía intacto, teníamos un mismo sentir, a veces ni sentía la distancia física que había entre nosotros, en el perfecto amor de Dios (el amor ágape) estábamos completos. Lamentablemente no era así con los otros presos, pues cada día me enteraba, que las esposas de mis compañeros los abandonaban y se iban con otros hombres. Cada día apreciaba más a mi esposa, la cual trabajaba para mantener a los tres niños viviendo en la casa de su madre, y aun siendo de muy escasos recursos económicos, me mandaba semanalmente treinta dólares para mis necesidades. Toda la gente la alababa, aún mis hermanas me decían, tu esposa es una mujer abnegada. Yo sabía, que estas virtudes en mi esposa venían de Dios únicamente, pues yo clamaba a Dios con lágrimas todos los días para que ella nunca resbalara, Dios me respondía de esta manera.

Comencé a experimentar un gozo inexplicable, a pesar de que estaba preso y lejos de mi familia, Dios me hacía grandemente feliz. En las noches, después que apagaban las luces, cuando terminaba el día, tomaba una tacita plástica y me preparaba un Kool-Aid (refresco) con el agua del grifo, y mientras revolvía el Kool-Aid, silenciosamente lloraba y corrían lágrimas por mi cara, y decía: "Señor ¿Cómo tu puedes hacer esto? Que estando yo preso, enfrentando cien años de cárcel, y lejos de mi familia, siento que voy a explotar de tanto gozo, pues me haces sentir el hombre más feliz del mundo."

En esos días, mi madre y mi esposa vinieron a verme. Mamá siendo de escasos recursos había traído consigo todo el dinero que tenía, ella contrató un abogado para mi defensa (Tullis Roger) y también un investigador privado (Richard Smith) para que trabajaran en conjunto. Económicamente sólo tenía la ayuda de mi madre, papá se negó ayudarme rotundamente, mi madre habló con él, para ver si él iba a cooperar conmigo en este asunto, mas papá contestó: "él es hombre muerto, gastar un dólar en él es perdida." Papá se olvidó de mí cuando llegó a tener su segunda familia, nunca me fue a visitar a la cárcel.

Pude ver una gran tristeza en el rostro de mi madre, cuando me vio detrás del vidrio de la cárcel, ella hizo por mí todo lo que estaba a su alcance. Mas yo sabía, que sólo Cristo podía sacarme de aquel lugar, pero no rechacé los esfuerzos de mi madre. Cuando vi a mi esposa, me llené de alegría. Tres días después, mamá y mi esposa regresaron a Miami.

Seguí predicando ahora con más fuerzas, todos los presos se sentían felices, tenían esperanza y paz en sus corazones. Un día proclamamos un ayuno de veinticuatro horas, para humillarnos al Señor y orar por todos los casos de los que se habían arrepentido, poníamos en el piso literalmente los papeles de cada uno, los cuales tenían los cargos (la famosa acusación) y poniendo el pie sobre los papeles en el nombre de Jesús, el Dios viviente, los llevábamos bajo los pies de Jesús, conforme a la voluntad de Dios, pues la Biblia nos enseña que el Señor anuló el acta de los decretos que había contra nosotros, que nos era contraria, quitándola de en medio y clavándola en la cruz. *(Colosenses 2: 13 y 14).* Una revolución empezó en aquel lugar. Todos los presos estaban impactados con la palabra del Señor, nunca habían oído del gran amor de Dios por ellos. Aunque no se había manifestado aun ni una liberación física, muchos de ellos habían recibido al Señor con alegría.

Un día de tantos entró un nuevo preso a nuestra celda llamado Weaver, un hombre cincuenta por ciento anglosajón y cincuenta por ciento indio americano, con pelo largo, alto y astuto en gran manera, éste, cuando entró, se mostró amistoso con todos, especialmente conmigo, pero no quería saber nada del Señor, sin embargo, le gustaba mucho cuando me escuchaba decir, yo voy a casa libre por el poder de Cristo, y que mi caso estaba ganado ya. Weaver decía con una sonrisa, los dos vamos a casa libres, y repitiendo decía, los dos vamos, esperando que yo se lo afirmara, pero yo le respondía, que sólo a través de la misericordia de Cristo se podía ganar el caso, y empezando por ahí, le decía que se tenía que arrepentir de todos sus pecados, y creer en el evangelio de Cristo para poder entrar en comunión con Dios, esto de arrepentirse, a él no le gustaba, sin embargo, Weaver se conducía muy prudente, aunque él no quería nada con el Señor, él quería ser mi amigo, pero yo lo tuve a distancia.

Un día se supo que la razón por la cual estaba preso era por haber apuñalado a un hombre. Weaver, al ver que yo no le daba mucha atención, por cuanto él no quería nada con el Señor, comenzó a tener aversión en contra mía, otros presos venían a contarme cosas que él decía en mi contra, pero yo no hice caso de nada de esto, y seguí predicando. Pasando siete meses, en ese tanque de presos, un día me dio un catarro el cual me hacía roncar mucho de noche, y estorbando mis ronquidos a Weaver se atrevió a tirarme un pedazo de jabón, el cual me dio en la cara, él hizo esto para que yo dejara de roncar, lo hizo estando todos los presos dormidos, tratando Weaver de esconder su mano para que yo no supiese quien había tirado el jabón, desperté de inmediato y logré verle. Cuando yo desperté, me senté en la cama, y fui tentado a acabar con él, pues él era un pobre flacucho y era muy fácil para mí resolver esto, pero entré en conflicto con mi hombre viejo, pues mi hombre nuevo no me lo permitía, entonces solamente oré y me volví a dormir.

Al despertar por la mañana, mi compañero inmediato, el que dormía al lado de mi cama, me preguntó ¿Hermano, que te pasó? Por la madrugada escuché algo, y te vi incorporarte repentinamente. Entonces yo le conté lo que había pasado, y él indignado, se lo contó a los otros hermanos presos, los cuales siendo recién convertidos, no pudiendo obrar pacíficamente, pusieron a Weaver de rodillas castigado en medio del tanque, diciéndole, si mueves un pelo, te ira mal, y un hermano llamado Kenny, le obligó a pedirme perdón, le decía, le has faltado el respeto al varón de Dios.

Yo desesperadamente traté de detener a mis hermanos recién convertidos para que no hicieran esto, pero estaban furiosos, especialmente Kenny, yo les decía, hermanos, dejen a Weaver, nosotros somos del Señor, no nos podemos vengar con nuestras propias manos, entonces los hermanos se calmaron y desistieron. Weaver, bien asustado se regresó a su cama. Sin embargo, sin que nadie se diese cuenta, tiró un papel por debajo de la puerta, el cual decía: Escoto está controlando el tanque entero a través de un poder de ocultismo. Pasando un lapso como de seis horas, de pronto se abrió la puerta del tanque, y ahí estaban los guardias, llamando a Weaver se lo llevaron a otra celda.

Entonces nos pusimos a orar y a alabar al Señor, pasando como treinta minutos los guardias regresaron y abrieron la puerta, y llamando mi nombre y el de otros hermanos, entre ellos Kenny, nos dijeron que recogiéramos nuestras cosas, porque nos iban a mover a diferentes tanques. Kenny les preguntó, ¿cuál es la razón por la cual nos están dispersando? Los guardias entonces mostraron la carta hecha por Weaver, la cual había tirado debajo de la puerta, me despedí con gran tristeza de todos mis hermanos, y entendí que Satanás había hecho todo esto para según él, detener la predicación.

Fui trasladado a un tanque llamado (2 West 14) al llegar al nuevo tanque eran como las 12:00 PM. encontrando una cama, oré al Señor y me acosté a dormir, a la mañana siguiente, llamaron como suelen hacer, chow, chow, (comida de perro) así llamaban a la hora de la comida, en este caso era el desayuno, todos los presos nos levantamos a tomar la bandeja, estando en la fila de la repartición del desayuno, observé un hombre mayor, como de cincuenta y ocho años, el cual tenía un comportamiento severamente agresivo, que hablaba malas palabras y maldecía sin parar, me dio repulsión al verlo por primera vez, pues pensé que podría causarme problemas ya que se notaba claramente que era falto de respeto y cordura.

Horas después, comencé a llamar a todos los presos a un círculo de oración igual como acostumbraba en el otro tanque, muchos presos vinieron a orar, incluyendo el hombre agresivo que maldecía, cuando empecé a orar, este hombre empezó a orar llorando, diciendo, padre perdóname, yo soy tu hijo he pecado, perdóname, entonces puse mi mano sobre él y lo ministré en oración, le pedí a Dios que lo ayudara. Cuando terminamos de orar, él confesó que era cristiano y había sido diácono de una iglesia por muchos años, pero un día su mujer cayó en adulterio, y esto lo trajo a una depresión que lo había hecho caer en una adicción al crack (piedra de cocaína) lo cual lo había llevado a cometer más de veinte asaltos a mano armada, él estaba enfrentando toda una vida en la prisión. Milagrosamente por el poder de Dios, después de aquella oración, fue totalmente transformado, regresó a su cama y no volvió a decir ni una sola mala palabra, ni volvió a maldecir, enseguida pidió una Biblia y empezó a leer y a orar, otros hombres venían y lo invitaban a jugar cartas y a fumar cigarrillos y él contestaba: He renunciado a todo y he vuelto al Señor mi Dios.

Me llené de gozo y recordé que a los que aman a Dios, todas las cosas les ayudan a bien *(Romanos 8:28)*. Cada vez que Satanás hace algo en contra del reino de Dios, recibe una derrota mayor, pues entendí que aunque me habían sacado del otro tanque, ahora en este nuevo tanque, el Señor, me había abierto puerta grande para la predicación, pues muchos se entregaron a Cristo y paz vino sobre ellos.

Un día de tantos el fiscal asignado a mi caso me envió una copia de las evidencias que habían en mi contra, pues así, era el procedimiento legal, que tanto la parte acusadora, la defensa, y el defendido, debían tener una copia. Eran 116 páginas, las cuales en Inglés se llaman (The Discovery Motion) Moción de Descubrimiento. En ellas se encontraban impresas las imágenes del policía, el cual había recibido el disparo en la cara.

La foto mostraban su cara llena de balines que habían salido del disparo de la escopeta doce, tenía el rostro ensangrentado, también la moción de descubrimiento mostraba fotos de todas las armas involucradas en el tiroteo, y fotos de la casa, donde ocurrieron los hechos, y todo tipo de evidencia incluyendo todos los reportes que hicieron los policías que llegaron a la trágica escena. Cuando lo revisé sentí temor, sabiendo que la cosa era muy seria, que aunque fue en defensa propia, no podía probarlo, sólo Jesús de Nazaret podía ayudarme.

Escondí debajo de mi colchón las 116 páginas de las evidencias, no quería ni verlas. Pero un día orando, el Señor me hizo sentir, que mi defensa estaba entre las pruebas que habían en mi contra, las 116 páginas del Discovery Motion, entonces empecé a orar y a ayunar, leyendo página por página. El Señor empezó a darme paso a paso, como podía probar que yo había disparado en defensa propia, cada día escribía algo nuevo que el Señor me mostraba para usarlo en mi defensa, al llegar a la página 66, noté que había un reporte de balística hecho por un laboratorio de la propia policía, el cual claramente mostraba que del revolver de Mark Ely se habían hecho dos disparos y del revolver del Sargento Stanley se habían hecho tres disparos, esto me dejó asombrado, pues probaba totalmente que ellos me habían disparado, lo cual ellos estaban negando, también en otra página mostraba que el cañón del revolver de Mark Ely había sido destruido por un disparo de mi escopeta, esto probaba también, que al yo destruir su arma, él no había podido disparar después que yo, sino que había disparado antes que yo. ¡Oh cuánto me gocé con aquellas evidencias! El Señor nunca falla, pues él me había dicho que en esas pruebas en mi contra, estaba también mi defensa.

Para entonces, me di cuenta, que el abogado que mi madre había contratado, no tenía la menor intención de defender mi causa, que solamente había aceptado el caso por el dinero que mi madre le había dado, y aun el investigador privado repetidas veces me ocultó y me bloqueo de obtener ciertas informaciones que podían ayudar en mi caso. Pues una vez lo mandé a una dirección a buscar a una persona la cual podía testificar a mi favor, mas él regresando dijo, esa casa fue destruida, ya no existe, pero el Señor, ya me había avisado que tanto el abogado como el investigador me iban a traicionar. Unos días después, entró en la cárcel un mexicano, el cual teniendo un caso no muy simple, me contó que no tenía a nadie que lo ayudara y que quería irse de regreso a su país, entonces le hablé de Cristo, al cual aceptó, entregándose a él.

Comencé a orar por este mexicano para que le dieran una fianza y pudiera salir libre, unos días después, lo llevaron ante el juez, el cual le dio una fianza muy baja, entonces él yendo de regreso a la celda a recoger sus pertenencias, me dijo, ¿qué puedo hacer por ti? A lo cual yo respondí, necesito que vayas a cierta dirección, pues necesito ponerme en contacto con una persona, la cual me puede servir de testigo clave para mi defensa.

Entonces el mexicano respondió, hermano, cualquier cosa que tú quieras, yo la haré, y despidiéndose de mí, se fue libre.

El mexicano me había dejado un número de teléfono al cual yo podía llamarlo y así él me daría la información sobre el asunto, dos días después, yo lo llamé ¡Qué sorpresa¡ La casa sí existía aún, y mi hermano mexicano me tenía ahora un número de teléfono al cual podía llamar y así ponerme en contacto con la persona que me serviría de testigo clave, el nombre del testigo es Otto Elmer, ya que este hombre, fue testigo de que me habían mandado a matar aquellos mafiosos en Ohio, pues él mismo me llevó a un hotel con mi esposa y mi niño, en Columbus, Ohio, cuando Tony llamó diciendo, que huyera de la casa, porque venían a matarme.

"El juicio"

Pasando como un año y siete meses en la cárcel de Franklyn County sin ver el sol, llegó el día de mi juicio. Para entonces, ya el Señor me había dado todo el argumento que se iba a usar en mi defensa, lo tenía escrito por capítulos y versículos, igual como en la Biblia, pues lo único que sabía era la Biblia, ya que era un hombre sin estudios. También el Señor me había manifestado, que mi abogado no me defendería apropiadamente. Toda mi familia vino de Miami a Ohio, para estar presente en mi juicio, mi esposa, mis tres niños, y también mi mamá y su esposo, y por supuesto Otto Elmer, el cual estaba viviendo en Miami en ese entonces, y accedió a venir a testificar a mi favor. ¡Llegó la hora tan esperada, estaba jugándome la vida! Sólo estaba confiando en "el rhema del Señor" el cual me dijo: **FEDERICO, VE A JUICIO Y YO PELEARE POR TI.**

Comencé a ayunar todos los días, un julio 30 de 1997 salí de mi celda para ir a juicio, los guardias me llevaron primero a un cuarto donde pude vestirme, ahí encontré un traje oscuro, que mi amada esposa me había enviado por correo desde Miami. Cuando me vestí me sentí como un artista de cine, esta era la primera vez que usaba ropa civil después de casi dos años. Antes de entrar a la sala de la corte, presidida por la Honorable Jueza Nodine Miller, me trajeron a un cuarto donde encontré a mí abogado Tullis Roger, el cual me decía que el fiscal me ofrecía veinticinco años si me declaraba culpable, de lo contrario, si perdía el juicio, me darían como cien años de cárcel, pues tenía cuatro cargos graves de primer grado, dos intentos de asesinato y dos asaltos agravantes en contra de los policías de narcóticos, el oficial Mark Ely y el Sargento Stanley.

Mi abogado me aconsejaba enérgicamente que aceptara la propuesta, diciéndome, "tú eres un hombre hispano, con piel oscura, de pelo y bigotes negros, no te va a ir bien" según él, no había oportunidad para mí, pues todo el jurado sería blanco americano y ellos me freirían, yo le respondí, ve y dile al fiscal, que me dé sólo cinco años corriendo concurrentes con mi sentencia federal, de lo contrario, el Señor va a pelear por mí en la corte, y barrerá el piso con él; mi abogado se enrojeció y riéndose sarcásticamente fue a decir estas palabras al fiscal, el cual envió a decirme, que íbamos a juicio.

After 8 years, suspect faces trial in shooting

By Bruce Cadwallader
Dispatch Courts Reporter

A man on the run for years after the shooting of a Columbus police officer sat shackled in a Franklin County courtroom yesterday as his trial began.

Federico Escoto, now 31, was identified shortly after the shooting of Officer Mark Ely on April 7, 1989, but police and prosecutors said the suspect fled the country with the help of two friends and was not arrested by the FBI until October 1995.

The shooting ended Ely's career with the police division.

Escoto is charged with two counts of attempted murder, felonious assault and unlawful possession of a dangerous ordnance in shooting Ely with a sawed-off shotgun hidden in a flower box. Authorities charge that Escoto had returned to his former residence on Indianola Avenue when he fired two shots at Ely and Sgt. Hugh Stanley, who at the time were undercover narcotics detectives sent there to investigate a suspicious package delivered under Escoto's name from Miami.

Police said they later learned the package contained food and clothing for Escoto, not drugs.

The officers were inside with their weapons drawn when Escoto turned a corner and opened fire, striking Ely in the face. Some of the pellets deflected off Ely's service revolver. Escoto allegedly fired another shot at Stanley but missed as the sergeant began to return fire.

Judge Nodine Miller of Franklin County Common Pleas Court is presiding over the trial.

Assistant Prosecutors Tim Braun and Cynthia Taylor told jurors yesterday Escoto dropped the shotgun and ran to a car. Then he fled the city by bus to Cincinnati and he and two accomplices hitchhiked their way to Texas and crossed the Mexican border. Escoto is believed to have made his way to Guatemala, where he hid for several years, Taylor said.

In 1995, FBI agents acting on a tip found Escoto in New Orleans and arrested him but not before he kicked an agent in the face. He is serving a five-year federal prison sentence for that crime, Taylor said.

Me llevaron a la sala de la corte, iba con mis pies encadenados. Pude observar que mi esposa, mis tres hijos y mamá estaban ahí. Noté que habían dos fiscales preparados en mi contra, Cynthia Taylor y Tim Brown. Hablaban como dos ametralladoras (Tommy Gun).

El primer día se escogió a los doce del jurado, ocho mujeres y cuatro hombres, todos blancos americanos, muchos de ellos tenían familiares que trabajaban reforzando las leyes. Todo parecía muy tétrico, el jurado no quería ni verme. Entonces empecé a reclamar una promesa de la Biblia que el Señor me había dado, la cual es: **NINGUNA ARMA FORJADA CONTRA TÍ PROSPERARÁ, Y CONDENARÁS TODA LENGUA QUE SE LEVANTE CONTRA TÍ EN JUICIO. ESTA ES LA HERENCIA DE LOS SIERVOS DE JEHOVÁ, Y SU SALVACIÓN DE MÍ VENDRÁ, DIJO JEHOVÁ (Isaías 54:17).**

Tim Brown empezó su argumento en contra mía, me hizo culpable ante el jurado de todos los cargos, a los ojos naturales, yo estaba perdido, el jurado manifestó una aversión notoria en contra mía, podía sentir que el jurado me tenía miedo y evitaban mirar mi rostro. Cuando llegó el turno de mi abogado, él tenía una defensa pobre a mi favor, parecía como si hubiese hecho algún trato con los fiscales; su defensa tenía parámetros, cuando yo noté esto, lo llamé y le dije, quiero que uses todo este argumento que yo tengo preparado en mi defensa, y le entregué las cuatro páginas que formulé en mi defensa, todas las cosas que el Señor me había mostrado para usar en mi defensa, las cuales saqué de las mismas evidencias en mi contra, mi abogado no tuvo de otra, pues tuvo que empezar a usar estas páginas que yo le había dado.

Cuando llegó el cuarto día de litigio legal, yo aún estaba perdido, nada se podía ver a mi favor, entonces le pregunté al Señor: ¿Cómo pelearas por mí? Y sentí en mi corazón de parte del Señor, que el Señor me usaría a mí mismo como abogado, y poniéndome en pie, le rogué a la jueza que me permitiera tomar mi propia defensa, ella me respondió que me daba la libertad de hacerlo, pero que estaría siempre encadenado de los pies, y me mando a decir en privado, que esto no era recomendable delante del jurado, a lo cual yo respondí, pierda cuidado honorable jueza, yo haré mi defensa estando encadenado.

Al quinto día de mi juicio, tomé la silla de la defensa, en el nombre del Señor Jesucristo, todo temor se fue de mí, al instante fui investido de un poder sobre natural. Los dos fiscales, (Taylor y Brown) me atacaban sin parar, con gran inteligencia y elocuencia, parecían que estaban filmando una película, aquello era teatral. Los policías y los fiscales tenían una fuerte conspiración en contra mía, todo su argumento en mi contra era una sola mentira, pues decían que los policías nunca habían disparado, afirmando que sólo yo había abierto fuego en contra de ellos, y que yo no les había dado tiempo de identificarse. También decían, que ellos nunca me habían apuntado con sus revólveres, afirmaban que sus revólveres habían permanecido enfundados, mientras yo les disparaba a quemarropa estando ellos sentados en el sofá. Naturalmente era imposible para mí probar lo contrario ante el jurado, mas no sabían que no era conmigo que se estaban enfrentando, sino con el Poderoso e Invencible Jesús de Nazaret, el cual me había prometido: **FEDERICO, VE A JUICIO Y YO PELEARE POR TI.**

Unos días antes del juicio, yo había enviado al investigador privado Richard Smith, el que contrató mamá, a tomar unas fotos a la casa donde ocurrieron los hechos, las cuales revelaban los impactos de bala que el oficial Mark Ely y el sargento Stanley me habían disparado, las balas estaban incrustadas en las paredes de madera de la casa, pues yo le había dicho a él, el lugar donde las balas estarían, sin embargo, yo sabía que Richard Smith a la hora del juicio se negaría a mostrar las fotos de las evidencias, pues el Señor me lo había revelado, por esta causa, me preparé de ante mano escribiendo una carta a la jueza pidiéndole su ayuda, la cual decía: Honorable jueza, te ruego que me ayudes con los fondos para contratar y enviar un experto en balística a examinar la casa donde ocurrieron los hechos, a fin de encontrar los plomos de bala que los policías me dispararon. La jueza me aprobó esta petición y envió un experto en balística al lugar de los hechos, utilizando los fondos estatales de la corte, ya que mi madre había gastado todo su dinero y no tenía de donde sacar más.

Cada tema que los fiscales traían en mi contra se volvía a mi favor, podía ver a los fiscales regresar a sus sillas vez tras vez derrotados, de repente noté que se me estaban agotando las palabras para defenderme, la boca se me había resecado por completo, entonces la jueza ordenó que me llevaran un vaso de agua, el cual tomé de un solo trago, al instante, palabras fueron puestas en mi boca, que hicieron retroceder drásticamente los argumentos de los fiscales otra vez. Entonces noté maravillado, que poder fluía del agua que tomaba, esto era un misterio para mí, y entendí el plan del Señor (el Señor se movía sobre la faz de las aguas) pues de esa agua salía mi defensa. Al ver la jueza que me había tomado el vaso de agua de un trago, rápidamente, mandó de buena gana a un guardia que me trajera una jarra de electro plata que estaba en la sala de la corte, la cual era de su uso personal.

Esta jarra contenía como diez vasos de agua a la vez. Mi defensa continuo magníficamente, pues mientras tomaba el agua, todo me salía bien. Pude probar, que el revolver de Mark Ely tenía balines incrustados dentro del cañón, lo cual indicaba, que para haber penetrado estos balines dentro del hoyo del cañón de su revolver, él obviamente me había tenido que estar apuntando de frente, pues los balines procedían del disparo de mi escopeta.

También se hizo pasar al paramédico de la ambulancia, el cual fue el primer hombre que había entrado a la escena después del tiroteo, él testificó, diciendo, que el oficial Mark Ely no estaba en el sofá, sino en el piso cuando él llegó, esto claramente probaba lo contrario que el fiscal decía, ya que el fiscal decía que yo le había disparado al oficial Mark Ely estando él sentado en el sofá. En aquel momento consideré oportuno sacar la página número 66 de las evidencias en mi contra, en la cual claramente se leía el reporte de balística que se había hecho el día de los hechos por el propio laboratorio del Departamento de Policía, en el cual mostraba, que los revólveres, tanto del oficial Mark Ely como del sargento Stanley habían sido disparado (Mark Ely me disparo dos veces y Stanley tres veces). El fiscal se volvió loco al ver este reporte y me preguntó diciendo, Sr. Escoto, ¿de dónde sacó usted ese reporte? Y yo le contesté: De las mismas evidencias en mi contra que usted mismo me envió a mi celda, ahí estaba ese reporte, el reporte lo vieron todos los doce del jurado, y también la jueza, entonces el fiscal pidió un receso, tenía que respirar aire puro, pues todos sus esfuerzos se habían derrumbado.

Durante el receso, mientras todos los espectadores del juicio salieron de la corte, el fiscal con voz desalentada, exclamó y dijo: "la arruinamos," el fiscal no había notado que mi hijo Franco de diez años, se había quedado solo sentado detrás del muro que separaba a los fiscales de la audiencia, y había escuchado sus comentarios. Cuando pasó el receso, ya todo en el ambiente había cambiado. ¡Gloria a Cristo! A medida que las horas pasaban el jurado y aun la jueza, notoriamente se volvían a mi favor, todo el jurado estaba más relajado, se había ido aquel espíritu adverso en contra mía.

Cuando la jueza llamó a testificar a Richard Smith, el investigador privado que mamá había contratado, él había desaparecido de la corte. Para entonces el experto en balística que la corte me había contratado estaba preparado, y lo hicieron pasar a testificar para ver cual era su reporte, el cual concordó con lo que yo estaba diciendo, que Mark Ely y Stanley me habían disparado cinco veces, pues el experto en balística había encontrado los impactos de bala que habían perforado las paredes de madera de un closet, después de ocho años, aún estaban ahí. Consecutivamente, le pregunté al experto en balística ante todo el jurado ¿Podría Mark Ely haber disparado su revolver después que fue dañado por el impacto de la escopeta doce? El experto en balística respondió: Que era imposible que el revolver de Mark Ely hubiese disparado, después de haber recibido el impacto de la escopeta doce. Esto claramente probaba, que Mark Ely (el policía) había disparado antes que yo.

Una gran frustración vino sobre los fiscales, y gran simpatía de parte del jurado se manifestó hacia mí. Para entonces ya la jueza Nodine Miller me había mandado a rellenar tres veces la jarra de agua, me tomé como treinta vasos de agua en siete horas, ya que el Espíritu de Dios se manifestaba por medio del agua. Después de todo esto, misteriosamente la honorable jueza Nodine Miller, se inclinó totalmente a mi favor.

También uno de los miembros del jurado, el cual era el líder de los doce, me hizo seña con la mano sosteniendo el dedo pulgar hacia arriba, dándome a entender su inclinación y simpatía hacia mí. Hubo también una mujer del jurado que me cerró el ojo, mostrando su solidaridad hacia mí. Cuando los fiscales Tim Brown, y Cynthia Taylor notaron todas estas manifestaciones de simpatía a mi favor, se pusieron muy nerviosos y llamaron a mi abogado y hablaron con él; algo que desconozco, después de esto mi abogado se acercó a mí diciendo: Tienes que darles un descanso a los fiscales, esto no es ético, pues has barrido el piso con ellos.

Un total de siete horas estuve en la silla de la defensa como abogado, pero más bien decir (el poder del Señor peleando por mí). Pasando las siete horas, de ese quinto día del juicio, me bajé de la silla de la defensa, regresándome otra vez a la silla de los acusados, pospusieron el juicio para el día siguiente el cual era el sexto día.

Cuando llegó el sexto día, fue dedicado para el cierre de los argumentos. Mi abogado Tullis Roger se mostró bastante diligente en el cierre de argumentos. Cuando llegó el turno del fiscal, ya el jurado no quería ni oírlo. Finalizando el cierre de argumentos, la jueza Nodine Miller, poniéndose en pie instruyó al jurado diciendo: Si ustedes han creído el reclamo de defensa propia de Federico A. Escoto deben absolverlo de los dos cargos de intento de asesinato y de los dos asaltos agravados en contra de los policías, y solamente encontrarlo culpable de la posesión de arma ilegal (la escopeta doce) con un cargo adicional por disparar el arma en los límites de la ciudad.

Man says police fired weapons first

By Bruce Cadwallader
Dispatch Staff Reporter

Using an interpreter, broken English and wild gestures, Federico Escoto testified for more than six hours yesterday that his shooting of a Columbus police officer in 1989 was self-defense.

Escoto told jurors in Franklin County Common Pleas Court that two undercover narcotics officers fired their weapons at him first when he came at them with a loaded shotgun. He thought they were assassins sent from Miami to kill him.

"I was trying to shoot anyone or anybody trying to shoot me," Escoto said. "They fired and they shot first."

Escoto had a confrontation with a Miami "mafioso" named Julio in 1988 because the mobster wanted to have sex with Escoto's wife, he said. Friends told Escoto that Julio had a contract on his life.

Escoto moved his family to Columbus for safety, but friends told him in April 1989 that Julio had found his hideout on Indianola Avenue.

Police Officer Mark Ely and Sgt. Hugh Stanley testified that they went to Escoto's house on April 7 because the landlord wanted police to investigate a suspicious package in Escoto's name delivered from Miami. They were waiting to question Escoto when he showed up with a shotgun.

The blast from Escoto's weapon glanced off Ely's service revolver, but pellets damaged his eye and ended his career. Stanley said he fired several return shots at Escoto and missed.

The package contained clothes and food from relatives.

Under questioning by defense attorney J. Tullis Rogers, Escoto said one of Stanley's shots struck the shotgun and he fled with two accomplices who helped him escape to Guatemala, only to find out later his victim was a police officer.

He returned to the United States to be with his wife and three children, he told jurors and Judge Nodine Miller.

"I told my family, 'How can I prove my innocence?'" he said. "I made a decision that I give my life before I lose my family."

"A guy fired first. I shoot him in self-defense," Escoto said.

The fugitive was arrested in New Orleans in 1995 when relatives told the FBI his whereabouts, he said. Escoto kicked a federal agent in the face during the arrest and is now serving a four-year prison term for assault on a peace officer.

Escoto is charged with two counts of attempted murder and felonious assault and one count of unlawful possession of a dangerous ordnance, a sawed-off shotgun.

Al día siguiente el cual fue el séptimo y último día del juicio, agosto 5, 1997, los guardias fueron a mi tanque y me despertaron muy temprano y me llevaron a una celda solitaria, en la cual oré, oré y oré hasta agotarme, y habiendo perdido todas las fuerzas me quede dormido. Al ver que no tenía fuerzas para seguir orando, entendí en mi corazón, que no había nada que yo pudiese hacer, ni orar, ni ayunar, porque el Señor ya me había dado su rhema incondicional, sólo tenía que ir a juicio y él pelearía por mí. Ademas sabía en mi corazón, que el Señor todo lo hace por su misericoricordia y no por sacrificios, pues un día el me había dicho: **SÉ QUE ME BUSCAS EN AYUNO Y ORACIÓN, MAS NO ES ESO LO QUE QUIERO YO DE TI, ENTRÉGAME TU CORAZÓN CONTRITO Y HUMILLADO, Y YO TE DARÉ LA VICTORIA.**

Despertaba cada media hora, cada vez que lo hacía, sólo cantaba un corito a mi Señor Jesús que dice así: Estoy confiando, Señor en ti, tú eres fiel Señor, tan fiel a mí, nunca me has dejado aunque débil soy, estoy confiando, Señor en ti. Ese día cuando llegó la hora de recibir el veredicto, eran las cuatro y veinte de la tarde del séptimo día, había pasado muchas horas en aquella pequeña celda. Al escuchar que los guardias venían caminando hacia la celda, oré por última vez al Señor y le dije, Señor, si quitas estas cadenas de mis pies, yo te serviré todos los días de mi vida.

Cuando entré nuevamente a la sala de la corte, ahí estaba toda mi familia hacia el lado derecho de la jueza, y hacia la izquierda de la jueza estaban muchos policías incluyendo Mark Ely y Stanley con sus respectivas familias. El periódico y la televisión también estaban allí. De pronto el jurado salió de la cámara donde estaban librando el veredicto, y toda la corte se puso en pie.

El líder de los doce del jurado entregó el veredicto en un papel a la jueza, al ver la jueza el veredicto, hizo un gesto de asombro, y leyéndolo dijo: Nosotros el jurado firmado por todos los doce encontramos al defendido Federico A. Escoto, no culpable del cargo de intento de asesinato al oficial Mark Ely, no culpable del cargo de intento de asesinato al sargento Stanley, no culpable en el asalto agravante al oficial Mark Ely, no culpable del asalto agravante al sargento Stanley y culpable de la posesión del arma, la cual él admitió haber usado y disparado.

Cuando la jueza terminó de leer el veredicto, felicitó al jurado diciendo: Estoy muy orgullosa de la decisión que han tomado, y los despidió dándoles las gracias. Entonces, yo volví mi rostro hacia atrás donde estaba toda mi familia y les tiré mil besos, sabiendo dentro de mí que Cristo nos había vuelto a dar vida otra vez para vivirla juntos.

SHOOTING OF OFFICER

Jury believes man's claim of self-defense

By Bruce Cadwallader
and Tim Doulin
Dispatch Staff Reporters

A man accused of the 1989 shooting of a Columbus police officer won acquittals on the most serious charges yesterday as the officer and his family looked on in disbelief.

Officer Mark Ely, now retired, and Sgt. Hugh Stanley were stunned when Judge Nodine Miller of Franklin County Common Pleas Court read the verdicts in favor of Federico Escoto. The shooting damaged Ely's eye and ended his career. Stanley was nearly shot as well before he returned fire during the confrontation with Escoto.

A jury of eight women and four men deliberated about eight hours over two days before acquitting Escoto of two counts each of attempted murder and felonious assault on the police officers. Escoto had testified he acted in self-defense against the two undercover narcotics officers.

Jurors did convict Escoto, 31, of Miami of unlawful possession of a dangerous ordnance — a sawed-off shotgun — that Escoto admits he used to fire two shots at Ely and Stanley.

Ely and Stanley were in plainclothes when they were sent to investigate a suspicious package from Miami mailed to Escoto on April 7, 1989.

Escoto testified last week he went to his former apartment armed with a concealed shotgun because he thought assassins from Miami were after him because of a dispute with their leader. Escoto claims drugs were not involved and that he was not involved in drug dealing. The Miami package actually contained food and clothing from his family.

A bitter Ely reacted angrily to the verdicts.

"Definitely justice wasn't served. I just hope the jury's family or children never has to deal with drugs or these kind of people because they just let one of them out," Ely said. "If it happens, they shouldn't call police."

The jurors had earlier been instructed to acquit Escoto if they believed his claim of self-defense. Testimony in the case showed the officers did not identify themselves as police officers before the shooting.

A shackled Escoto blew kisses to his family from the defense table after the verdicts. He is serving a four-year prison term for an assault on an FBI agent in 1995 during his capture in New Orleans. He had been a fugitive from the Columbus shooting and told jurors that he ran because he did not think anyone would believe his version. Escoto also testified that the officers fired their weapons at him first.

Escoto

Miller set sentencing on the weapons charge for Aug. 21.

Defense attorney J. Tullis Rogers said, "It was a terrible tragedy all around, but I'm happy it wasn't complicated further by a conviction for my client."

Assistant Prosecutor Cynthia Taylor said Escoto will likely face about seven years in prison for the gun charge. She declined further comment.

In closing arguments Monday, Taylor and Assistant Prosecutor Tim Braun said the blame for the shootout "rests squarely with Mr. Escoto" who forced his way into the apartment, was carrying an illegal weapon and was going down the hallway looking for people.

Rogers said prosecutors wanted to paint Escoto "as a little dirtball foreign drug dealer from Nicaragua" but presented no evidence to back it up.

Mi abogado después que oyó el veredicto, se ruborizó y me dijo, "Jesús tuvo que haber estado contigo", ni el mismo abogado podía creer que mi juicio había sido ganado. Al instante, el periódico y la televisión se acercaron y tomaron fotos y levantaron reportes. Mi abogado tomó toda la gloria para él, mas la gloria de esta victoria sólo le pertenece a mi **SEÑOR JESUCRISTO,** al único y sabio Dios, sea honor y gloria por los siglos de los siglos amén, el cual me amó y me lavó con su sangre bendita. Amén.

La jueza Nodine Miller fijó mi sentencia para Agosto 21, 1997, concerniente al caso de la posesión de la escopeta doce. Yo regresé a mi celda como anestesiado, sin embargo, noté, que no era la alegría sobre la victoria de mi juicio lo que me tenía impresionado, sino más bien, estaba maravillado de ver la fidelidad de Cristo Jesús, el cual me había dicho: **VE A JUICIO Y YO PELEARE POR TI.**

Todos los presos habían visto desde sus celdas el final de mi juicio en las noticias por televisión, mientras aún yo estaba en la corte. Cuando comencé a caminar por los pasillos de toda aquella cárcel en Franklyn County la cual tiene paredes de vidrio muy gruesas, todos los presos desde adentro de sus celdas, empezaron a golpear el vidrio gritando. ¡Ora por mí! ¡Ora por mí! ¡Ora por mí! Ellos me habían visto orando todos los días, y cada día yo les declaraba que Jesús me había hablado en sueños y me había dicho que él pelearía por mí. Por eso ellos sabían que había sido solamente Jesús, quien me había dado la victoria. Esta era la razón por la cual ellos decían, ora por mí.

El día 21 de agosto de 1997, fui llevado a corte nuevamente para recibir la sentencia del cargo de la posesión del arma. El oficial Mark Ely estaba en corte, el cual pedía a la jueza enérgicamente, que se me diera la máxima sentencia, la cual conllevaba como nueve años de cárcel. Gracias a papá mi Señor Jesucristo, la jueza respondió al oficial Mark Ely: Debiste haber estado presente durante todo el juicio, la jueza volteando su rostro hacia su escritorio preparó la sentencia. El policía Mark Ely, no había estado presente durante el noventa por ciento del tiempo que duró el juicio, quizás temía que cuando la verdad saliese a relucir, el jurado confrontara su rostro.

La jueza me permitió hablar antes de la sentencia, entonces dije: Gracias en el nombre de Jesucristo por haberme dado un juicio justo, y la bendije en el nombre de Jesús, y ella sonriéndose me regresó las gracias, y procedió a darme la sentencia, la cual fue: El defendido debe de pagar el cargo por el cual fue hallado culpable, y servir, no menos de (1y1/2) año y no más de (5) años, mas una sentencia adicional de 3 años para ser cumplidas en el Departamento de Rehabilitación y Corrección de Ohio, dicha sentencia debe correr concurrente con la sentencia federal.

Esto de correr concurrente, significaba que al mismo tiempo que yo cumpliera mi sentencia federal por el golpe en el pómulo al oficial del **FBI** Michael Maclean, cumpliría mi sentencia estatal de la posesión del arma. ¡Gloria sea a Jesucristo!

Tres meses después fui trasladado a la prisión federal de Oakdale, Louisiana. Mi amada esposa se puso de acuerdo conmigo para venir desde Miami a vivir en la pequeña ciudad de Oakdale, ella lo hizo todo por fe, pues no conocía a nadie en aquel lugar. En mayo de 1998, mi princesa Innova se mudó con los tres niños a un apartamento de la ciudad de Oakdale y dirigida por el Señor encontró una iglesia.

Federico e Innova

(Esta foto fue tomada en la prisión federal)

Mi esposa venía a visitarme cuatro veces por semana acompañada de los tres niños. ¡Que felicidad! Volví a la vida, toda tristeza se fue, no parábamos de besarnos en aquellas visitas, me gozaba también jugando con mis tres niños.

Juntos por el amor de Cristo

(Esta foto fue tomada en la prisión federal)

Franco, mi compañero de oración
(Esta foto fue tomada en la prisión federal)

**David de Cristo y papá, gozándose en medio de las pruebas
(Esta foto fue tomada en la prisión federal)**

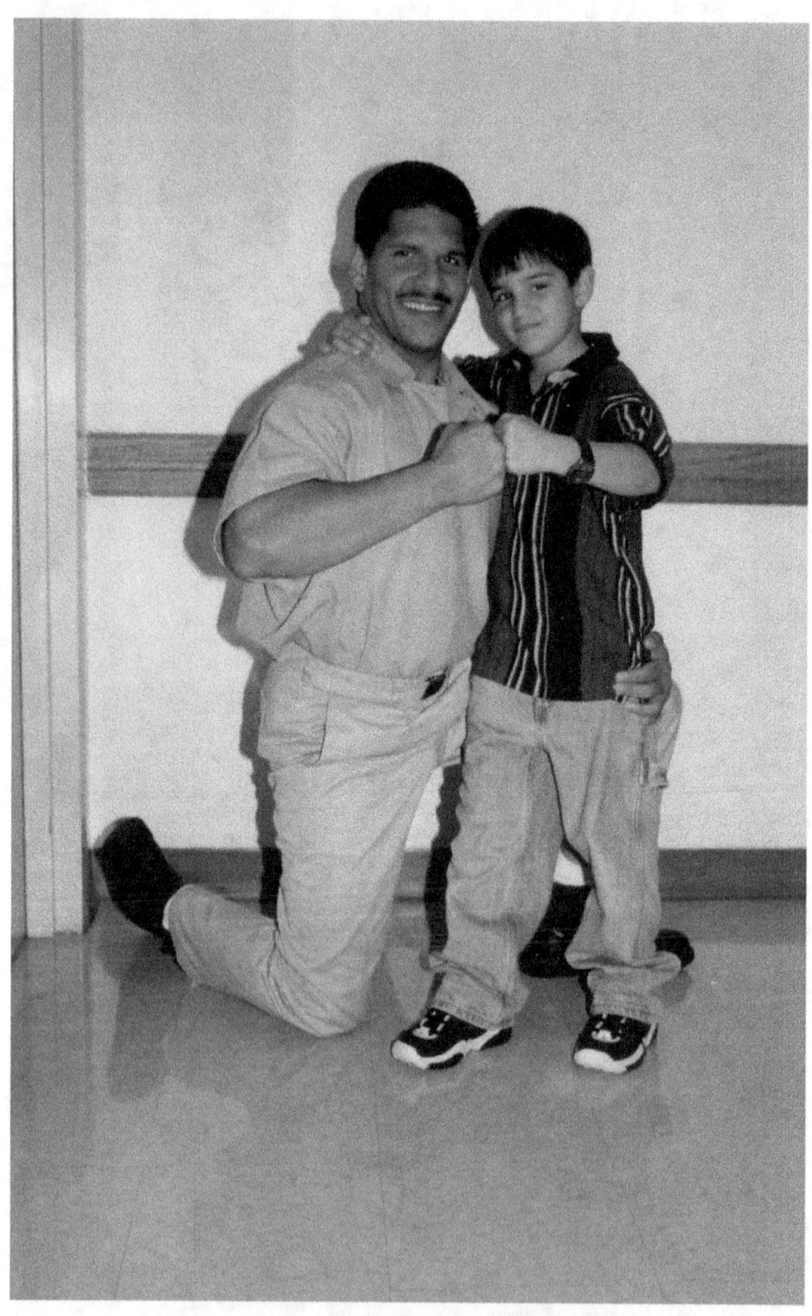

**Eric el bebé de papá, ungido de Cristo
(Esta foto fue tomada en la prisión federal)**

El Señor bendijo grandemente a mi esposa en todas las áreas de su vida en aquella ciudad. La iglesia que mi esposa encontró era chapada a la antigua, todos ellos tenían mucho amor, principalmente una mujer llamada Neetzee y su esposo Nathan Yoder, los cuales son unos verdaderos cristianos que viven el amor de Cristo, pues la hermana Neetzee fue una abuela para mis hijos, la cual también vino a verme a la cárcel, Dios le de la recompensa y le diga: Venid benditos de mi padre, heredad el reino preparado para vosotros desde la fundación del mundo. Porque tuve hambre y me distes de comer, desnudo y me cubriste, en la cárcel, y viniste a mí, amén.

Algunos presos me tenían envidia y hasta me odiaban al ver que todos los días que permitían visita mi esposa e hijos me venían a visitar. En aquella prisión hostil llamada Oakdale (**F. C. I.**). Institución Correccional Federal. Muchos de los presos estaban profundamente resentidos con sus esposas porque ya muchas de ellas los habían abandonado, y al ver ellos que Dios me había dado una esposa virtuosa, les producía mucha envidia. Fui muy feliz durante todo ese año. Aun, sentí ganas de terminar mis estudios de bachillerato, le pedí a Dios, que me hiciera capas de pasar el examen del **G.E.D.** (Educación General por Desarrollo) y lo pasé con creces, entonces, quise seguir estudiando un poco más y le pedí a papá, que me pagara un curso por correspondencia de Administración de Hoteles y Restaurantes. Papá lo pagó todo, y me gradué mayo 22 de 1999 de la escuela llamada: Professional Career Development Institute. Noté que Dios prospera a sus hijos en todas las maneras, sin embargo, en mi experiencia personal he aprendido que Dios, lo que espera de un hijo, es que ponga la mirada en las cosas de arriaba y no en las de la tierra.

En junio 18 de 1999 se cumplía el término de mi sentencia federal, tenía que ser trasladado otra vez a Ohio a terminar uno y medio para cinco años (1 ½ a 5) de cárcel que me quedaban por cumplir en la prisión estatal. Mi esposa Innova y mis hijos tuvieron que regresarse a Miami el 30 de mayo de 1999. Me puse un poco triste otra vez. Fui trasladado el día 18 de junio de 1999, nuevamente a Franklyn County Ohio. Esta vez fui transportado por avión, anduve encadenado de aeropuerto en aeropuerto, del aeropuerto de Alejandría, Louisiana al aeropuerto de New Orleáns, del aeropuerto de New Orleáns al aeropuerto de Nashville, Tennessee de Nashville, Tennessee al aeropuerto de Columbus, Ohio. Era todo un paseo vergonzoso, la gente me quedaba viendo las cadenas, yo sólo pensaba en mi mente, algun día seré libre y se escribirá la historia, "Un joven que fue salvo por Jesús."

Estuve nuevamente sin ver el sol por tres meses en Franklyn County,

Columbus, Ohio. Mientras yo estaba ahí, mi esposa comenzó a trabajar con su hermana en una oficina de seguros de carros, siempre nos manteníamos en contacto por vía telefónica y por cartas. En el mes de septiembre de 1999, me trasladaron a una prisión estatal, llamada Orient en el mismo estado de Ohio, la prisión era muy pobre, pero había mucho calor humano, los presos eran muy amistosos. En esta prisión permitían a los presos que sus familiares les mandaran ciertas cosas de la casa. Mi esposa me equipó con todo; zapatos, ropa, sábanas, radio casetera, comida enlatada etc., entre las cosas que me mandó lo que más me gustó fueron unos casetes de un maravilloso grupo de música cristiana llamado, Palabra en Acción, los cuales son de Quetzaltenango, Guatemala, gracias a Dios por ellos.

En la prisión de Orient mi esposa empezó a mandarme una carta todos los días, podía oír mi nombre ser llamado cuando repartían el correo, Escoto, tienes correo. Todos los presos estaban maravillados de las atenciones que mi esposa tenía conmigo, de alguna manera esto hacía que todos me vieran con respeto. Mi esposa me hacía tan feliz con sus palabras, que decían: Te amo tanto, que aunque sea debajo de un árbol me iré a vivir contigo cuando salgas de la cárcel. Yo también le mandaba a ella una carta casi todos los días, nuestra conversación en las cartas era solamente hablar de Cristo, exaltar su gloria y su favor para con nosotros.

Nos maravillamos al ver que llevábamos casi cuatro años separados y nuestro amor no había menguado ni un ápice, estábamos como en los primeros días de nuestro amor, sabíamos muy bien que sólo Cristo podía hacer esto en nosotros. ¡Oh que comunión! ¡Gloria al Señor! En estos días, quise seguir estudiando, ya que la prisión del estado me ofrecía la oportunidad de asistir a la universidad que quedaba dentro de la prisión, llamada Hocking College la cual aproveché, para estudiar Administración de Alimentos y Bebidas.

Capítulo VI
La decepción

Llevando ya cuatro años preso, mi esposa empezó a desanimarse, comencé a recibir como tres cartas por semana, esto fue muy notorio, pues yo estaba acostumbrado a recibir cartas de ella todos los días. Cuando mi esposa y yo hablábamos por teléfono, ya no era igual que antes, después de unos minutos, ella me quería colgar, diciéndome, llámame mañana, llámame otro día.

Un día el Señor me mostró algo en sueños, en el cual vi a mi esposa trabajando en una oficina con su hermana y su tía, yo pude verme en el espíritu yendo a buscar a mi esposa, encontré que la tenían dentro de una gaveta, en una caja de fósforo, ella era como una hormiga que se bañaba en "una gota de agua". Al despertar del sueño, traté de entenderlo, y no pude. En ese tiempo mi esposa trabajaba en dos diferentes oficinas, para su hermana cuatro días, en una oficina de seguros de carro, y para el esposo de su tía, un médico (Nefilin) una vez a la semana, en la cual trabajaba su tía, una enfermera, la recepcionista, y ella.

Gradualmente menguaba mi relación matrimonial, yo no podía encontrar la razón, solamente le preguntaba a mi esposa, ¿qué te pasa, porque estas cambiando? Y ella me decía, es idea tuya, tal vez estoy cansada. Mi esposa se ponía cada día más "tibia" al punto, que sólo una carta me enviaba por semana y algunas veces, una postal sin nada escrito, con sólo lo que venía escrito de factoría. Un día de tantos, la hermana de mi esposa cerró su oficina, y mi esposa comenzó a trabajar tiempo completo con su tía en la oficina del Nefilin, el médico.

Mi vida se volvió más triste cada día, pues estando preso me la pasaba pensando en ella, en cuánto yo la amaba, y en cómo sería nuestro encuentro. Obviamente algo estaba sucediendo. Un día mientras estaba haciendo mis ejercicios el Espíritu de Dios me dijo: Dile a tu esposa que salga de la oficina de su tía, que deje ese trabajo, porque hay una trampa y tiene riesgo de morir espiritualmente. Al instante dejé mis ejercicios y corrí a llamarla por teléfono, discutimos el asunto y mi esposa me decía, no tengo otro trabajo, me tengo que quedar aquí hasta que encuentre otro. Comencé a dudar de la fidelidad de mi esposa y pronto me derrumbé. Caminaba por los pasillos de la prisión hasta la madrugada, mientras todos los presos dormían, sentía que me volvía loco. Comencé a temblar en mi cama debajo de mi colcha y no paraba de orar cada hora, le rogaba a Dios con lágrimas, que no permitiera que mi esposa cayera en adulterio. Dado a que me despertaba cada hora y que ya no comía, comencé a desarrollar una crisis nerviosa, todos mis amigos, venían a verme a mi cama, y me decían; ¡no te derrumbes! y me rogaban que fuera a comer al comedor.

Cada día que pasaba sentía que mi esposa me quería menos, entonces comencé a indagar si había algún hombre más aparte del Nefilin trabajando en esa oficina que yo no lo supiese, hasta que un día mi esposa me declaró que ahí trabajaba un hombre más. Mi esposa me contó que este hombre hacía sonogramas y que se la pasaba hablando suciedades sexuales con toda la gente de la oficina, y al ella escuchar se había contaminado en su corazón. Comencé a suplicarle con lágrimas a mi esposa que saliera de allí, pasaron dos meses y hasta entonces me obedeció, pero ella ya no era igual, su mente había cambiado. Ahora me decía, si no sales pronto de la prisión me tendré que volver a casar, no me puedo quedar de monja. Esto llenó de dolor mi corazón, no podía creerlo, entonces recordé el sueño de la historia: Un joven que fue salvo por Jesús, en el cual ella, desapareció un segundo antes que yo saliera libre. Una gran desconfianza vino a mi vida, pues dudaba de la fidelidad de mi esposa.

Después de seis meses dejé la universidad, no tenía ánimo para seguir estudiando.

En esos días me tocaba ver el panel de libertad condicional, el cual decidiría, si yo iría libre o no, pues sólo tres años de mi sentencia estatal habían corrido concurrentes con los cuatro años y tres meses de la sentencia federal. Lamentablemente se había llegado a descubrir que la sentencia de un año y medio para cinco, no podía correr concurrente con la federal, porque era mandatoria, porque era cargo de arma y tenía que cumplirla en el estado de Ohio, en el Departamento de Rehabilitación y Corrección y no se me podía acreditar a dicha sentencia el tiempo que había cumplido en la prisión federal. Aun la jueza Nodine Miller, trató de ayudarme, pero no pudo hacer nada por mí, pues las leyes no se lo permitían.

Nuevamente me estaba enfrentando a un gigante, el cual era hacer cuatro años más añadidos a los cinco que ya llevaba en prisión, y terminar haciendo un total de nueve años o creerle al Señor y derribar al gigante y salir en los cinco años que el Señor me había prometido, el cual era:

HE AQUÍ CINCO DÍAS ESTARÁS PRESO, mas no dudé el "rhema" (voz del Señor) pues me sostuve como viendo al invisible.

Sabiendo que se acercaba mi audiencia con el panel de libertad condicional, en un día de octubre de 2000, comencé a orar a Dios con todo mi corazón pidiéndole que se acordara de la palabra que me había dado, que tuviera misericordia de mí. Siempre estuve consciente que independientemente del rhema, Dios todo lo hace por su gran amor y sostiene sus promesas a los que confían en él. Pues cuando el Señor le dio al apóstol Pedro el rhema "ven" para que caminase sobre las aguas, aun el apóstol Pedro después de haber andado sobre las aguas unos cuantos pasos, dudó por que tuvo miedo y comenzando a hundirse, dijo: Señor sálvame, y el Señor lo salvó. Dios siempre está presto para ayudar a los humildes de corazón, que con sinceridad lo aman.

Faltando una semana para ver al Panel de Libertad Condicional, fui a ver al encargado de mi caso, un hombre joven americano de apellido Overstreet, al cual le pedí que me diera una carta de recomendación para enseñársela al Panel de Libertad Condicional. Overstreet, sabiendo que nunca había habido una queja en mi contra durante todo mi encarcelamiento en la prisión de Orient, no dudó en decirme que si, diciéndome, ven por ella mañana. Al día siguiente fui a su oficina a buscar la carta de recomendación, pero él muy apenadamente me dijo que no podía dármela, pues había consultado con sus superiores, los cuales le dijeron, que siendo él un representante de la autoridad en mi contra, no le era permitido hacer nada por escrito a mi favor, mas yo seguí confiando en el Señor.

Muchos amigos de la prisión me decían, "tienes que ser fuerte, no tengas muchas esperanzas," ya que mi caso era contra la policía, y por tanto, siendo el Panel de Libertad Condicional una institución de autoridad estatal, no tendrían de mí piedad, y según mis amigos, el panel me daría los cuatro años restantes. Mas yo les confesaba que el Señor era poderoso para cumplir lo que Él me había prometido.

Llegó la mañana esperada, simplemente oré, oré y oré y cuando llegó mi turno, me llamó uno de los guardias y me dijo, ve a la oficina del Panel de Libertad Condicional, yendo hacia allá, me encontré saliendo por la puerta de la oficina al encargado de mi caso, el oficial Overstreet, el cual con voz sonriente me dijo, como no pude hacerte la carta, esta mañana decidí venir a hablar personalmente a tu favor con el Panel de Libertad Condicional.

Entrando en un auditorio, encontré a dos mujeres miembros del Panel de Libertad Condicional (Parol Board) las cuales me señalaron una sillita y me dijeron que me sentara allí, aquello era un poco fúnebre, se hizo un gran silencio, de pronto me dijeron, dinos cómo fue que le disparaste a los policías, y tuve que empezar a relatarlo todo una vez más. Esto trajo un ambiente muy hostil, pues decir que había disparado a dos hombres policías, no se escuchaba muy amistoso que se diga.

Al terminar de hablar sobre el tiroteo, ellas me dijeron que me saliera del auditorio, y estando afuera, comencé a orar con lágrimas otra vez, le dije a Dios, no permitas que me dejen aquí, para que no pierda a mi esposa. Pasando veinte minutos, me volvieron a llamar, y me dijeron, que Overstreet había venido a hablar con ellas y había dicho que yo era su preso modelo, que él deseaba que me dejaran ir libre. También ellas tenían un reporte de todos los estudios que había hecho durante toda mi encarcelación, y una carta de mi esposa y de mi hijo Franco, pidiendo, que me liberaran. Ellas me preguntaron ¿Aún tu esposa después de cinco años, te está esperando? Y yo les dije que si, entonces me volvieron a preguntar, ¿Si decidiéramos dejarte ir libre, irías al lado de tu esposa? Y yo les dije que si, entonces ellas me dijeron: hemos decidido dejarte ir libre, mas el departamento de inmigración a pedido venir por ti, para deportarte a tu país, sin embargo, nosotras hoy te concedemos tu libertad con el estado de Ohio, y me desearon lo mejor; yo emocionadamente les dije, las amo.

Cuando llegué al dormitorio, en el cual yo dormía, levanté el papel rosado que significaba mi libertad y ante más de sesenta hombres, grité, Jesús es real, Jesús es real, dándonos el saludo de preso empuñando la mano. **¡OH CUAN FIEL ES ÉL!** Nunca se olvida.

Todo mi deseo y pasión siempre ha sido servir al Señor donde quiera que fuera. Pasaba largas horas meditando en una visión que tuve referente a mi ministerio.

Cuando le di la noticia a mi esposa, se puso muy contenta. Dos semanas antes que yo saliera, mi esposa encontró otro trabajo en una agencia de seguros de salud.

Durante todo mi encarcelamiento mi esposa y yo habíamos acordado, que cuando yo saliera de la cárcel, el mismo día nos reuniríamos donde quiera que fuera que yo estuviera libre. Aun pensamos que haríamos algo por unirnos en el mismo avión en el que yo fuere deportado a Nicaragua.

El 5 de diciembre de 2000, a las cinco de la mañana, escuché lo que tanto había esperado, "Escoto, empaca que vas a casa." Mi Señor nunca me ha fallado, el siempre a cumplido todo lo que me a dicho. **SÓLO CINCO DÍAS ESTUVE PRESO.** Esa mañana, me llevaron a un cuarto donde encontré una caja, que contenía, una ropa nueva que mamá había mandado, me sentí feliz de poder volver a vestirme con ropa civil, después de esos cinco años. Dos oficiales federales me fueron a dejar hasta Nicaragua en un avión de American Airlines, estando en el avión me hicieron firmar un documento, el cual decía que si volvía a entrar a los Estados Unidos me condenarían a prisión de cuatro a siete años, firmara o no, ésta es la ley decretada por Inmigración para todos los que han vuelto a reentrar después de haber sido deportados habiendo cometido una Felonía Federal.

Cuando llegamos a Nicaragua los oficiales federales, trataron de mal informarme con las autoridades en Nicaragua, pero un jefe de policía que estaba ahí a cargo del aeropuerto me preguntó, ¿cuántos años llevas preso? Y le respondí, que hacía cinco años estaba preso, y me dejó ir libre inmediatamente, gracias al Señor. Minutos después, salí a tomar un taxi, y a mi lado pude observar a los dos oficiales federales, tratando también de tomar un taxi. Sus intenciones en contra mía fueron frustradas, pues según ellos creían que me iban a dejar preso en Nicaragua, pero mi Dios es Dios en todas partes. ¡Gloria sea a Él, amén!

Me esperaban unos primos en Nicaragua, los cuales me recibieron con las manos abiertas, principalmente mi primo Nazario Escoto, yo me hospedé en casa de Nazario, estando ahí, llamé a mi esposa, la cual no pudo venir a recibirme, por causa del trabajo que había recién empezado. Sin embargo, comenzamos a hacer preparativos imaginarios de cómo nos estableceríamos en Nicaragua.

Días después, mi esposa me mandó un dinero para comprar un carro, y alquilar una casa, aun teníamos planeado poner un negocio de comida rápida, aparentemente teníamos todo arreglado, mas el tiempo pasaba y mi esposa no venía. Cada día que pasaba, mi duda respecto a la fidelidad de mi esposa se hacía mayor, mi vida espiritual fue decayendo poco a poco, no podía entender la tibieza del amor de mi esposa, cada día, mi fortaleza espiritual menguaba más y más. Había estado cinco años preso y ahora estando libre tenía que seguir solo. Le rogaba cada día a mi esposa que viniera a mi lado, hasta que un día, después de dos meses, vino a visitarme por unos días a fin de constatar las condiciones y posibilidades económicas que podríamos tener en Nicaragua.

Todo le parecía mal, la casa que renté aunque era hermosa no sirvió para nada.

Traté de convencerla de empezar el negocio de comida rápida, mas no tuvo fe para arrancar. Aun el sol de Nicaragua, el cual es muy fuerte la desmayaba, con lágrimas de desesperación, le rogué que se quedara, pero todo fue en vano, solamente me decía, no puedo, no puedo, y se regresó a Miami. Según ella, oraba a Dios sin cesar para que fuéramos unidos, pero a su forma, ella quería dirigir a Dios y poner sus propias condiciones.

Mi esposa metió una aplicación a Inmigración a fin de que me concedieran volver a entrar a los Estados Unidos. Para entonces, todos mis planes de servir al Señor se derrumbaron, una confusión terrible vino a mi vida, mi comunión diaria con el Señor fue gravemente afectada por esta causa, y pasando el tiempo me fui al mundo. Cada día que pasaba quería ser restaurado y no podía, muchas veces traté en mi propia carne y no tenía el poder regenerador que había actuado antes en mí, era toda una desgracia.

Nunca dejé de confiar que un día Jesús de Nazaret volvería a restaurarme en todos los aspectos de mi vida. Tristemente a mi esposa, sólo le interesaba lo terrenal, poder llevar una vida sin luchas económicas. Pasando un año, en noviembre 25, de 2001, mi esposa recibió la respuesta de Inmigración, la cual decía que me habían rechazado en los Estados Unidos, fue denegada toda posibilidad de poder volver a los Estados Unidos, fue fatal el efecto que hizo en mi esposa esta decisión de Inmigración, pues ahora mi esposa quería divorciarse, comenzó a decirme que me olvidara de ella, y que volviéramos a rehacer nuestras vidas, cada cual por su lado.

Sentí deseos de no vivir más, por una razón inexplicable, no podía dejar de amar a mi esposa, conocí muchas mujeres y ninguna conformó mi corazón, sentía como si mi esposa era la única que cabía en un hueco que Dios había hecho en mi alma desde que la vi por primera vez.

El no poder superar el abandono de mi esposa, me pareció como una deficiencia que tenía mi alma, estaba totalmente vencido por la falta de este amor. Nunca en toda mi vida había sido negativo desde que conocí a Cristo, jamás me había sentido vencido en cosa alguna, siempre a través de mi fe en el Señor había obtenido la victoria vez tras vez, pero esta vez era totalmente diferente, no podía ponerme en pie.

Me era imposible dejar de amar con todo mi corazón a mi esposa, sentía que sin ella no viviría y muy pronto moriría, pues no podía olvidarla ni un segundo; comencé a desarrollar una crisis nerviosa, sólo pensaba en volverla a ver por un minuto. A veces le decía a Dios, que le intercambiaba todo lo que me quedara de vida por estar con mi esposa aunque sea un solo día.

Un día de tantos mi esposa decidió ir a verme otra vez a Nicaragua, ella estaba esperando un préstamo del banco, el cual haría posible nuestro reencuentro momentáneo, esto me puso muy feliz, pero no por muchos días, pues el préstamo, se lo negaron; sin embargo, habiéndome dicho ella que no iba poder llegar a verme, no me di por vencido, vendí todo lo que tenía, el carro, y aun mi ropa, y me quedé sin nada, sólo para poder hacer posible su visita. Enseguida le mandé el pasaje del avión y cuando ella vino, me dediqué a pasearla por toda Nicaragua, y me gasté casi todo lo que tenía de la venta del carro. Ella estuvo solamente una semana, yo le rogué que se quedara, pero fue imposible hacerla reaccionar. Cuando ella se fue, yo no tenía ni donde ir a vivir, pues ya no estaba viviendo en la casa de mis primos.

Llegó el año nuevo, el 1 de Enero del 2002 amanecí en la calle, no tenía ni para un plato de comida. Estando sentado en una silla en una finca, comencé a angustiarme mucho y pensé ¿Para qué me sirve la vida? De pronto Satanás, puso pensamientos suicidas en mi mente, él me dijo ¿Por qué no te sientas en medio de la finca y te cortas los pulsos y te dejas desangrar? Ya no sufras más, pero me acordé de mis tres hijos, y pensé que no era justo que siendo ellos hijos de Dios, yo les causara un trauma y un gran tropiezo en sus vidas, y reprendí a Satanás en el nombre de Jesús.

Parecía que todo había terminado para mí en Nicaragua, no había futuro, mucho menos para la unión de mi familia, ni aun tan siquiera para mi propia vida en Nicaragua. Busqué trabajo en todos los hoteles de Nicaragua, pero no tuve éxito, pronto me di cuenta que si no tenía quién me recomendara, no podía entrar a trabajar en ningún lado, y como yo me había ido a los Estados Unidos desde mis quince años, nadie me conocía. Sin embargo, como siempre, la fe no me faltó. Recordaba todo lo que mi Dios había hecho en mi vida, y sabía que él me volvería a levantar. Muchas veces pasé hambres y muchas necesidades. Aun vendí la ropa que me quedaba para pagar unas llamadas por teléfono y hablar con mi esposa, mas ella me decía, ya no me llames más, y me decía, solamente podríamos seguir juntos si tu vivieras en los Estados Unidos, o si tuvieras un millón de dólares, sólo así, aceptaría irme a Nicaragua.

Ya había llegado al fondo del barril, me había quedado durmiendo en el piso de una finca, desnudo, y sin comida, pero Dios no se olvidó de mí. Un 22 de enero de 2002 sorpresivamente mamá decidió venir a verme a Nicaragua, en un solo día todo cambio para mí, mamá me llevó de todo. A través de toda mi vida, mi madre siempre me ayudó, nunca se olvidó de mí. Sin embargo, el amor de mi esposa me seguía haciendo falta. Estando mamá en Nicaragua, me encontré a un hombre que conocía a uno de mis mejores amigos de Miami, el cual ahora vivía en San Salvador, este hombre me contó que mi amigo estaba muy bien económicamente en el Salvador, entonces yo le pedí el número de teléfono y él me lo dio, prontamente llamé a mi amigo y le conté que estaba en Nicaragua, que no había podido conseguir trabajo, entonces él me ofreció su ayuda, me dijo que me fuera al Salvador, ofreciéndome un trabajo en ventas de equipos y herramientas eléctricas para construcción.

Dos semanas después, mamá regreso a Miami y yo partí a San Salvador, en cuanto llegué allá me puse a trabajar con mi amigo. Muy pronto empecé a ganar más de $200 dólares al día, y cada semana comencé a mandarle dinero a mi esposa. Después de un mes de haber empezado a trabajar en San Salvador le compré a mi esposa un pasaje de avión para que viniera a visitarme. Mi esposa llegó solamente por cuatro días. Al yo mirarla sentí una felicidad inmensa, no me separaba de ella ni por un segundo. Cada día le rogaba que se viniera a vivir conmigo al Salvador junto con los niños, fui y le enseñé varias casas que estaban de renta para ver si se decidía por alguna, pero fue imposible, ella no tenía fe para caminar en el plan original de Dios. No podía sujetarse como dice la Biblia. Las casadas estén sujetas a sus propios maridos, como al Señor; porque el marido es cabeza de la mujer, así como Cristo es cabeza de la iglesia, la cual es su cuerpo, y él es su Salvador. **ASÍ QUE, COMO LA IGLESIA ESTA SUJETA A CRISTO,** así también las casadas lo estén a sus maridos en todo.

Un día antes de irse le lloré por muchas horas en un parque, rogándole que se quedara, pero fue inútil, al día siguiente la vi partir nuevamente para Miami. Cuando llegó a Miami empecé a llamarla por teléfono todos los días, rogándole que regresara, pero ella me decía que estaba insegura sobre la economía que tendríamos en el Salvador, yo siempre le decía, acuérdate que yo soy de Cristo y él nunca me ha dejado y todo me lo a dado, pero estas palabras no penetraban en su corazón. Sin embargo, me decía, te amo con todo mi corazón y el deseo más grande de mi alma es estar a tu lado. ¡Que contradicción! Decía que me amaba, más no hacía nada por estar a mi lado, todo era de palabra y no de corazón, pues a ella sólo le interesaba la seguridad terrenal, no exactamente grandes riquezas, sino que el mismo afán de lo que iba a comer, beber y vestir mañana, era lo que la había separado completamente de mí. Yo no podía entender como podía ella vivir sin mí, si yo no podía ni respirar sin ella.

Pasados cuatro meses, me llamó mi esposa de Miami, diciéndome que no podían controlar a Franco, mi hijo mayor, el cual tenía solamente quince años, el joven estaba seriamente deprimido por toda esta separación y se había puesto muy rebelde. Mi esposa decidió mandármelo, esto me alegro mucho, poder tener aunque sea uno de mis hijos conmigo, era como si tuviese la mitad de mi vida otra vez. Renté una casa en el Salvador, esta vez la escogí aún mejor que la que había rentado en Nicaragua, abrigando la esperanza que una vez estando Franco en El Salvador mi esposa se decidiera ha venir.

Cuando Franco llegó le di mucho amor, él poco a poco cambió, empezamos a trabajar juntos, no nos separábamos ni por un minuto. Entonces empecé a rogarle a mi esposa nuevamente para que viniese con los otros dos niños a vivir con nosotros, le describí la casa, le pinté el panorama lo mejor que yo pude, esta vez ella se decidió y me dijo, que vendría a vivir conmigo. ¡Que felicidad! Empecé a prepararlo todo, aun la escuela de los niños, que fuera la enseñanza en el idioma Inglés, porque todavía ellos no manejaban mucho el español, también le compré un juego de colchones king size. Todo iba muy bien, hasta que una semana antes de su viaje, ella se retractó y me dijo, que me olvidara de ella para siempre, pues no creía que podía sostenerla económicamente.

¡Qué gran decepción! La que se sentó conmigo en la Roca, leyó la Biblia en mi pecho, se bautizó conmigo en el Nombre del Señor Jesús, alabó y oró conmigo a Dios, ahora estaba ciega, pobre, desnuda espiritualmente, y no lo sabía.

Comencé a agonizar cada día, mi tristeza pesaba como toda la arena del mar, ya no dormía, y lo peor no podía dejar de amarla, era una terrible pesadilla, una tortura continua, una angustia desmedida.

Tomé una decisión, mi vida daría por ella, así como Cristo amó a la iglesia y se entregó así mismo por ella. Me armé de esta escritura *(Efesios 5:25)* y decidí ir a buscarla. Cuando le dije a mi hijo Franco mi decisión, él no estuvo de acuerdo y lloró mucho por mí, porque no quería que yo volviera a caer preso otra vez, puesto que me esperaba la ley de Inmigración de reentrada, que si entraba a los Estados Unidos me darían una condena mandatoria de cuatro a siete años de cárcel. Nada ni nadie me haría desistir, mi amor por ella era más fuerte que el instinto de preservar mi propia vida. Afirmé mi corazón como de piedra, no dejé que nada se interpusiera contra esta decisión.

De regreso a los Estados Unidos

Una vez más volví a vender todo lo que tenía y llevando a Franco conmigo, comencé mi viaje hacia los Estados Unidos. Partí del Salvador con solamente $1,500 dólares, los cuales no eran ni cercanamente suficientes para este viaje, sin embargo, siempre en mi corazón recordaba aquella Roca que nos unió y el rhema que en ella hay.

(Mateo 7:25)
**"DESCENDIÓ LLUVIA, Y VINIERON RÍOS, Y
SOPLARON VIENTOS, Y GOLPEARON CONTRA
AQUELLA CASA; Y NO CAYÓ, PORQUE
ESTABA FUNDADA SOBRE LA ROCA."**

Al llegar a Guatemala, Franco y yo nos hospedamos en casa de mi prima Eliet Escoto, la cual mostrándonos su amor, nos dio su propia cama, ahí estuvimos una semana. Franco y Eliet me persuadían de no ir a los Estados Unidos, diciéndome, que mi esposa ya no me quería, que no arriesgara mi vida, ni aun mi libertad por causa de ella, que no valía la pena.

Esa noche decidí, no proseguir mi viaje, decidí con Franco irme a España y rehacer mi vida, mas cuando fuimos a acostarnos no pude dormir aquella noche, pues sentía que ninguna mujer en el mundo, podría llenar mi corazón, que sólo Innova Escoto era la única que yo quería, aun más que a mi vida. Como a las cuatro de la mañana logré quedarme dormido por tres horas, y al despertar, le dije a Franco: Nos vamos para Estados Unidos, nunca perderé a mamá, desde que conocí a Cristo, nunca he perdido, Satanás nunca me a podido vencer, porque soy más que vencedor en Cristo Jesús. Si a través de la fe en el Señor no fue posible perder la vida de David, ni tan poco fue posible perder mi libertad, tan poco perderé mi matrimonio, yo no sé perder en el Señor, no sé dar ni un paso atrás, yo fui hecho así, porque Cristo me ama.

Le prohibí a Franco, interponerse en mi decisión, que solamente me ayudara a orar, para que no me capturaran cruzando la frontera.

Nos despedimos de Eliet. Cuando llegamos a la frontera de Guatemala con México, nos dimos cuenta lo difícil que era cruzar todo México, ya que los Estados Unidos, después de la caída de las Torres Gemelas (911) concentraron muchas fuerzas y empeño para hacer muy difícil cruzarlo y así impedir que nadie pudiese entrar a los Estados Unidos. Mucha gente estaba reunida en esa frontera de Guatemala llamada Mazatenango, la cual conectaba con Tapachula, ciudad del estado de Chiapas en México. Todos en Mazatenango habían tratado de cruzar el estado de Chiapas dos o tres veces, mas sin embargo no habían podido lograrlo, ellos aseguraban que era casi imposible y lo peor, ellos decían que las autoridades de México les quitaban el dinero y los regresaban a Guatemala. Comencé a buscar dirección del Señor, el cual me mostró en sueños un camino.

Un día después encontré a un hombre que llevaba un grupo de gente, el cual me dijo, únete conmigo para que nos acompañemos por todas las montañas de la Sierra Madre en Chiapas, pues él aseguraba que la única manera de cruzar era internándonos en las montañas de la Sierra Madre. Un día después, partimos con este grupo, y cruzando la frontera, llegamos por diferentes medios hasta la Sierra Madre. Caminábamos más de dieciséis horas al día, a veces sentíamos que nos desmayábamos, todo tipo de peligros habían ahí. Lamentablemente, durante el camino me doblé el tobillo izquierdo, y comencé a sufrir de dolor, pero seguí adelante, cruzamos ríos, y entre ellos, uno muy peligroso, el cual atravesamos por un puente hecho de sogas.

Dolor inaguantable

Llevando como una semana caminando sin parar, comenzó a desarrollarse un inexplicable y horrible dolor en mis rodillas, no podía parar de llorar por todo el camino, Franco me tenía que empujar en las subidas y frenarme en las bajadas, porque mis rodillas no tenían más fuerza, el dolor se fue agravando por minutos, era como si mis huesos estuvieran chocando uno con el otro. Humanamente me era imposible seguir el camino.

Cuando parábamos para descansar, mi hijo Franco me decía: papá no puedes seguir más, yo le contestaba, tengo que llegar, nada podrá detenerme. Cada paso que daba me hacía sentir más cerca de mi esposa y mis otros dos niños, David y Eric; solamente pensaba que volvería a verlos, y volviéndome a parar seguía caminando, llorando y gritando por todo el camino, este dolor era un misterio para mí, no tenía explicación humana, durante el camino nos quedamos sin ropa, todo lo perdimos, descendieron lluvias torrenciales, cruzamos ríos caudalosos, pasamos hambre y sed, mas no paramos.

Yo era un espectáculo a todo el grupo por causa del dolor, pues siendo yo él más fuerte de todos, fui el más débil, aun las mujeres se asombraban de mí, porque ellas tenían más fuerzas que yo en las rodillas, yo mismo estaba asustado de esta decisión determinada que había tomado con mi corazón, y no con mi mente, pues aunque mi mente dijera que no, mi corazón no retrocedía, aunque me costara la vida o mi cuerpo físico se deshiciere, no pararía hasta volver a ver a mi esposa cara a cara.

En cierto lugar de la montaña, el hombre que venía con nosotros finalmente decidió separarse, pues a él no le convenía que nosotros siguiéramos tras él, ya que entre más grande era el grupo, más fácil era para las autoridades de Inmigración detectarnos. Franco y yo seguimos caminando solos, Dios nos iba guiando en todo.

Después de un mes de la horrible caminata, salimos a una carretera donde tomamos un bus que iba a Coatzacoalcos, a mitad del camino unos judiciales nos bajaron del bus y nos montaron en un pick-up llevándonos a un monte donde nos asaltaron y después nos pasaron dejando por un cementerio, dejándonos en calzoncillos (boxer) mi hijo Franco al ver que nos habíamos quedado desnudos y sin nada, se puso muy nervioso, y me dijo llorando: ¡Papá, ya no podrás seguir tu viaje! Y respondiéndole le dije, mientras Cristo esté vivo, todo es posible, nosotros seguiremos. Caminamos unas cuantas cuadras y entramos en un pueblo donde una mujer nos dio de comer y nos refugió por todo un día, al día siguiente su marido llegó, y le dijo que nos tenía que sacar de la casa porque era muy peligroso que la descubrieran refugiando ilegales.

Partiendo de ahí, finalmente llegamos a Coatzacoalcos, no teniendo ni un dólar entramos en un hotel en donde le ofrecimos al encargado una prenda que Franco traía, el encargado del hotel la recibió con gusto. De esta ciudad llamé a mi esposa por teléfono y le dije que íbamos a Miami, ella se alegró mucho y empezó a mandarnos dinero, de este lugar partimos en bus a Orizaba, donde estuvimos por cinco días descansando en un hotel para cobrar fuerzas. Pasado los cinco días, nos montamos en un bus que nos llevó hasta el Distrito Federal (D.F.) la capital de México.

Al llegar al D.F. nos montamos en un taxi que nos llevó a Toluca en donde nos hospedamos en casa de mi tío Roberto Saenz, quien nos recibió con mucho amor, y nos proveyó todo lo que necesitábamos, llamé a mi esposa desde Toluca, quien nos volvió a enviar dinero para continuar el viaje.

Mi suegro Freeman Revels, (el padrastro de mi esposa) quien siempre a querido mucho a mis hijos, principalmente a Franco, queriendo volver a ver pronto a su nieto, viajó desde Miami hasta la ciudad de Brownsville, Texas, la cual conectaba con la frontera de Matamoros, México, allí se hospedó en un hotel a esperarnos. Franco y yo montándonos en un autobús de lujo zarpamos para Matamoros. Durante el camino, migración hizo sus chequeos rutinarios, pero habiendo orado a Dios nos hacíamos los dormidos y cada vez que los oficiales de migración subían al autobús nos dejaban tranquilos.

Al llegar a Matamoros, nos hospedamos en un hotel, y buscamos en la ciudad quien nos pudiese cruzar el Río Bravo. Un joven apareció y se ofreció a cruzarnos por dinero, al llegar al Río Bravo oré a Dios por dirección, mas el Señor no me contestó, ya teniendo mis pies dentro de las aguas del Río Bravo sentí mucho miedo, sabía bien que sin el rhema de Dios no podía cruzar el río, regresamos al hotel muy tristes, todo parecía haber fracasado, pues aún estando ahí, Dios no nos había confirmado su voluntad, si podía cruzar o no, sabía que la palabra de Dios dice, sujetaos a las leyes de la tierra porque impuestas por Dios están, mas sabiendo yo que en este

106

caso se trataba de la vida espiritual de mi esposa y mis hijos, (mi familia entera) estaba dispuesto, no sólo a volver a la prisión sino a morir por ellos, solamente esperaba que el Señor se apiadara de mí, y entendiera que todo lo hacía con el amor de Cristo, y teniendo de mí misericordia, me enviara el rhema desde su trono.

Sabía muy bien que el amor de Cristo era mayor que todas las leyes de la tierra, y que del Señor es la tierra y su plenitud, pues yo no hacía esto para obtener algún beneficio material, sino uno espiritual, pues mi objetivo era salvar mi matrimonio en Cristo Jesús, el cual Dios fundó sobre la Roca, esperé un día y otro día y otro día y el Señor no me respondió, mi suegro tuvo que regresar solo hasta Miami, pues no permití que mi hijo cruzara y se fuera con él, ya que Franco era el único miembro de la familia que tenía a mi lado.

Regresamos a Toluca a casa de mi tío Roberto, estando allí llamé a mi esposa y le conté lo que había sucedido, que el Señor no me había respondido, ella frustradamente respondió que me olvidara de ella para siempre, que rehiciera mi vida, que ya no nos volveríamos a ver, y me ponía contra la espada y la pared, diciendo: Si no cruzas olvídate de mí para siempre, yo volveré a casarme y cásate tu por ahí.

Tristemente empecé a buscar trabajo, y matriculé a Franco en la escuela de Toluca, me sentía desesperado, no sabía que hacer, por un lado no podía perder a mi esposa y por otro lado, si me agarraban en la frontera de los Estados Unidos, iría preso por muchos años y desde la prisión escucharía la desintegración de mi familia, pues mi esposa, obviamente se volvería a casar.

Capítulo VII
Lo vi en su trono

Llegué a una tristeza agonizante, no podía despojarme del amor de mi esposa, mi alma estaba ligada a ella, pues es carne de mi carne y hueso de mi hueso, sentía que sin su amor moriría.

Un día salí a la calle y me senté afuera en una grada, y comencé a orar llorando desesperadamente, le dije a Dios: ¡Señor, si pudiera mi vida te daría a cambio de mi esposa! Pero no valgo nada, de que te serviría, no tengo que darte ¿qué puedo hacer Señor? Aun si te prometiese algo de nada serviría, sé que toda sublimidad de hombre para ti es como trapo de inmundicia, orando estas palabras sintiéndome impotente, de pronto dije: "Dios mío, Dios mío, yo no tengo que darte, mas te ofrezco la sangre de Jesús, pues él murió por mí."

Regresé a casa de mi tío Roberto, al lado de Franco, esa noche convenido en oración con Franco, le pedí a Dios que me hablara en sueños y me dormí, el Señor escuchó mi oración y vino a mí en sueños: Yo estaba parado ante el trono del Señor, el cual estaba a mi derecha, vi su trono esculpido en una gigante roca blanca, el Señor Jesús estaba sentado en su trono, una ligera neblina cubría la faz de su estrado, era como una nube ligera que se movía alrededor de todos los que estábamos ahí. Escuché la voz del Señor proclamar diciendo: **ÉL CRUZARA, NADIE LO DETENDRÁ, Y YO LOS REUNIRÉ Y SERÁN FELICES PARA SIEMPRE.** ¡Gloria sea al Señor Jesús, el que está sentado en el trono, al único y sabio Dios por los siglos, de los siglos, amén!

Cuando el sueño terminó, me desperté y salté del sofá donde estaba durmiendo, me acerqué a mi hijo Franco y le dije, el Señor me habló, ya puedo cruzar, ya tengo el "rhema", al día siguiente, llamé a mi esposa y le conté el sueño, ella se alegró mucho, también le dije que enviara un pasaje de regreso a Miami para Franco, dos días después Franco se fue a Miami en un avión, yo mismo lo fui a dejar al aeropuerto y me despedí de él diciendo, nos volveremos a ver muy pronto.

Al tercer día después del sueño, me despedí de mi tío Roberto y partí a la frontera de Agua Prieta que conecta con el desierto de Arizona. Al llegar a Agua Prieta, me encontré a un grupo de hombres que estaban en un rancho esperando por un guía, el cual los cruzaría por el desierto, había que pagarle al guía $800 dólares al llegar a Phoenix, Arizona, desde ahí yo llamaría por teléfono a mi esposa para que enviara el dinero por Western Union.

Les conté a todos los hombres parte de mi testimonio, de lo que Dios había ya hecho en mi vida. Tres días después salimos del rancho en un pick-up el cual nos dejó en la orilla del desierto, temblé cuando vi el desierto, pues leí un rótulo que decía: Está usted pisando tierra de los Estados Unidos a su propio riesgo, le advertimos que puede morir en el desierto, y será legalmente procesado por las autoridades, si cruza ilegalmente. Me estaba jugando el todo por el todo, podía escuchar en mi mente la voz de mi mamá y mis parientes decirme, no seas loco, no cruces, aun escuché que decían murió como un pobre loco, entonces me acordé del versículo de la Biblia, que dice:

(Efesios 5:25)
***"MARIDOS, AMAD A VUESTRAS MUJERES,
ASÍ COMO CRISTO AMÓ A LA IGLESIA, Y
SE ENTREGÓ A SÍ MISMO POR ELLA."***

Dije dentro de mí, no me importa morir como loco a los ojos del mundo, mientras muera bajo una palabra de Dios, y sea cuerdo delante del Señor. Me apropié de este versículo y lo repetía por todo el camino, y aunque temblaba, no miré hacia atrás. Cuando avancé por el desierto unas cuantas horas se me fue el miedo y me vino un gozo y mucha esperanza, sabiendo que Dios era poderoso para cumplir lo que me había prometido.

Lamentablemente, después de caminar todo un día, al llegar la noche, resbalé y caí en un hoyo, no profundo, pero me volví a doblar gravemente el mismo tobillo que antes me había lastimado en las montañas de México. Esta vez no podía caminar, mi pie se inflamó severamente, y no podía ni asentar el pie en tierra; el dolor era terrible, esta vez Franco no estaba aquí para ayudarme, la gente siguió caminando, pues no podían esperar por mí, tenían que salvar sus propias vidas en el desierto.

Al ver que la gente seguía el camino tuve que comenzar a arrástrame con las manos y un pie, dejando el pie lastimado suspendido en el aire, no podía parar, si paraba me quedaba perdido en el desierto, gateé, gateé y gateé hasta quedar sin fuerzas. De pronto un hombre del grupo, propuso que me dejaran descansar por diez minutos, entonces oré a Dios mientras descansaba y le pedí, que me fortaleciera los brazos para seguir gateando cuando empezamos otra vez la caminata y empecé otra vez a gatear, no sentí fuerza física, sino que supe que caminaba con las fuerzas del corazón, y mi cuerpo tenía que obedecerle; descubrí un misterio, que el amor controla el cuerpo. El amor todo lo sufre, todo lo cree, todo lo espera, todo lo soporta. *1 Corintios 13:7 "Todo lo puede"*

Llevando tres días gateando en el desierto, se nos acabó la poca comida que llevábamos, un rato después se acabó el agua, el guía estaba confundido, no recordaba bien la ruta que nos sacaría otra vez del desierto donde alguien supuestamente nos estaría esperando en la carretera en un camioncito. Las horas pasaban, la gente se comenzó a desesperar hasta que el guía finalmente confesó estar perdido.

Todo el grupo decidió que antes de morir, era preferible encender un fuego, con el cual por medio del humo, seríamos detectados por los helicópteros y avionetas de Inmigración de los Estados Unidos, y así poder ser rescatados para no morir de sed en el desierto. Esta decisión del grupo era fatal para mí, pues no podía ser arrestado y llevado al centro de detención de Inmigración Americano, ya que la rutina de las autoridades de inmigración en la frontera es tomar las huellas digitales a los inmigrantes, y si están limpios, los regresan a sus respectivos países, pero en mi caso, yo me quedaría preso, por reentrada al país después de haber sido deportado de la Prisión Federal.

Me senté en una piedra que estaba ahí muy desconcertado, y empecé a orar, repitiendo: **ÉL CRUZARA, NADIE LO DETENDRÁ, Y YO LOS REUNIRÉ, Y SERÁN FELICES PARA SIEMPRE.**

Me fiaron en el desierto

Diciéndole al Señor aún sigo creyendo en ti, mientras meditaba en esto, un hombre del grupo me preguntó: ¿Tú hablas Inglés? Yo le dije que si, pues él me había oído decir mi testimonio y también la promesa que el Señor me había dado, que yo cruzaría. Él me propuso que siguiéramos caminando solos, hasta encontrar una tribu de indios en el desierto, los cuales nos ayudarían a llegar hasta Phoenix, Arizona, yo al instante, le dije que sí. Entonces, él me preguntó, si tenía dinero conmigo para pagarle a los indios, y le respondí que no, pues no tenía ni un peso, porque mi esposa había acordado con el guía que ella le pagaría hasta llegar a Phoenix, Arizona. Entonces el hombre me dijo, no te preocupes yo traigo $800 dólares y te prestaré a ti $400 y tú me los pagas después.

Empezó él a caminar delante de mí y yo empecé a gatear otra vez. No habíamos caminado ni una hora, cuando paramos por un minuto solamente para orinar detrás de unos cactus, mientras el hombre orinaba yo me quedé vigilando que la avioneta de Inmigración que sobre volaba los aires de tanto en tanto, no nos detectara, de repente apareció de la nada, una camioneta cerrada marca Mazda, conducida por una pareja de indios americanos, la mujer conducía. Cuando los vi me asusté mucho, pues no sabía si pertenecían a Inmigración, pero mi susto no duró ni tres segundos, pues ellos, a gritos me decían en Inglés: $400 dólares por cada uno, hasta Phoenix, Arizona. ¡Qué bendición! Dios es infalible, el habla y será hecho. Rápidamente le grité a mi acompañante del desierto. ¡Vamos!, ¡Vamos!, ¡Vamos! Son $400 dólares por cada uno, y él dijo; ¡Órale mano! De un salto nos montamos en la camioneta en el compartimiento trasero, el indio nos instruyó que nos acostáramos sobre el piso del vehículo, de inmediato obedecimos sus instrucciones.

Al salir del desierto a la carretera, sentí que el vehículo paró, el indio le dijo a su mujer: Es inmigración, entonces me incorporé muy asustado y vi un retén de inmigración, el cual tenía una caravana de carros parados, revisándolos uno por uno, a fin de encontrar ilegales, el vehículo donde veníamos era el último en línea, clamé a Cristo, de repente un oficial de inmigración desde el otro extremo opuesto de la fila de carros, nos hizo seña con las manos, que siguiéramos nuestro camino. Inmediatamente la india americana que iba conduciendo el vehículo aceleró rebasando la caravana entera, y pasamos. ¡Gloria a Dios!

Llegamos a Phoenix, Arizona, donde mi acompañante del desierto pagó a los indios los $800 dólares. Estando ahí, mi acompañante llamó al contacto que nos recibiría en Phoenix, Arizona, el cual llegó rápidamente, y nos alojó en su casa. Entonces llamé a mi esposa y le dije que había cruzado, mi esposa me mandó $900 dólares, con los cuales le pagué a mi acompañante los $400 dólares que me había fiado en el desierto, y con los otros $500 pagué un vehículo que me llevó hasta la puerta del apartamento de mi esposa en Miami, FL. Eran como las 5:00 AM. un 5 de septiembre de 2002, cuando toqué la puerta, todos estaban dormidos, los desperté, mis hijos se pusieron felices cuando me vieron. Fue hasta entonces que volvimos a vivir juntos después de 7 años.

De regreso en Miami

Yo había salido de Miami para Ohio en marzo de 1989, donde ocurrió toda aquella lamentable desgracia del tiroteo, que redundó para bien, pues conocí a Cristo a través de esa supuesta desgracia, la cual terminó en la gracia más grande de mi vida, Cristo el Rey de Gloria dentro de mí. Ahora estaba nuevamente viviendo en la misma ciudad de donde había salido con todos mis problemas trece años después. Toda la ciudad me lucía casi igual, nada parecía haber cambiado.

Capítulo VIII
La rebelión en el séptimo piso

Mi esposa ya no era la misma que dejé en New Orleáns, Louisiana, cuando fui preso en 1995. Yo había dejado a mi esposa llena de virtud, llena de fe, con el conocimiento de la palabra de Dios, sujeta, entendida, casta, pura, vestida de Cristo. Ahora me encontré con una esposa tibia, coqueta, llena de ambición, desobediente, irrespetuosa, sin mansedumbre, sin sujeción, ciega, no teniendo nada, solamente una apariencia de piedad.

Después de habernos saludado todos, le mostré a mi esposa mi pie que aún estaba hinchado y completamente morado.

Después fuimos a ver a mis hermanas y a mi madre, cuando íbamos en el camino, percibí que ella inconscientemente me quería dejar saber lo que había conquistado mientras estuvimos separados, porque tenía un carro nuevo y un apartamento muy bien amueblado y adornado. Cada vez que íbamos al supermercado desde que se bajaba del carro, se apresuraba y caminaba delante de mí ignorándome.

Unos días después de haber venido, ella me propuso ir a la iglesia, y yo le propuse venir a Cristo, pues ella quería solamente congregarse sin dar el corazón, cada vez que la amonestaba en el Señor, se enfurecía en gran manera, sin embargo, ella oraba religiosamente todos los días por la mañana y antes de acostarse. Yo no podía entender como ella había cambiado, era como si tuviera a otra mujer delante de mí, ella no me reconocía, muchas veces le dije: yo soy tu amor de Cristo, con el que viviste en New Orleáns, no te olvides que leías la Biblia con tu cabeza sobre mi pecho y siempre orábamos juntos postrados delante del Señor. ¿Qué ha pasado contigo, porqué no me conoces? Ella me respondía: A pasado mucho tiempo y yo creo que me enfrié, he dejado de quererte un poco sin darme cuenta. Yo le respondia, yo te amo igual que el primer día, mi amor por ti, no ha retrocedido ni un paso atrás a pesar de toda la distancia, porque mi amor por ti viene del Señor Jesucristo, y no de la emoción mental. Realmente mi amor por ella, siempre ha sido inexplicable, incondicional, cada mañana se renueva de día en día, simplemente es el amor ágape que me dio el Señor por ella, es un amor inagotable.

Pronto comencé a trabajar otra vez en restaurantes, sirviendo las mesas, mi salario era igual o aún más abundante que el de mi esposa, pero se gastaba día a día en los gastos de la casa, pues eran propinas las cuales se ganan de día en día. Cuando llegaba el pago de la renta, yo no tenía dinero reunido, sólo mi esposa tenía dinero, pues a ella le pagaban quincenal, resultando que ella pagaba toda la renta, lucía como si yo no ganara nada, esto le daba a ella un sentimiento engañoso de poder económico, haciéndola sentir como si ella sostuviera toda la casa. ¡Oh, que engaño! Por esta causa ella quería dominarme, y no dejar que yo la guiara, todo consejo espiritual o secular que provenía de mí, ella lo menospreciaba. Pronto nuestra relación se volvió insoportable.

Al pasar unos meses en esta situación, y ver que no cambiaba, tomé una decisión, y me dije a mí mismo, no importa que mi esposa no me quiera, lo importante es que yo la amo y ella esté a mi lado, esto hizo que pudiera seguir adelante el matrimonio, pues puse a un lado todo mi resentimiento en contra de ella.

Al permitir que mi amor por ella no tuviera fronteras, volvimos a empezar nuevamente la armonía. Me conformaba con verla, comer a su lado, dormir a su lado e ir a pasear con ella, y así vivir con ella todos los días, porque la amaba mucho. Sin embargo, mi vida espiritual se empobrecía cada día más, ya no oraba lo suficiente, no buscaba de Dios. Al desarrollarse esta situación entre mi esposa y yo, una parte de mi corazón se apagaba cada vez más, me olvidé de lo que el Señor había hecho en mi vida, de todo su amor para conmigo, llegué a pensar que no tenía ministerio para servir a Dios, solamente guardaba por fe mi salvación, y el perdón de pecados; sabía que la salvación no se podía perder tan fácilmente. Siempre estuve muy claro que sólo apostatando (dejando de creer en el Señor) podía perder mi salvación, como dice la escritura:

(2 Pedro 2:21)
*"Porque mejor les hubiera sido no haber
conocido el camino de la justicia, que después
de haberlo conocido, volverse atrás del
santo mandamiento que les fue dado."*

Este mandamiento es creer en el hijo de Dios, el que no cree en él, ya ha sido condenado, porque no ha creído en el nombre del unigénito Hijo de Dios. *(S. Juan 3:18)*. Sin embargo, aunque tenía vida eterna, no gozaba de vida abundante la cual el Señor nos ha prometido, no gozaba de vida abundante por falta de perfecta comunión con él. Mi situación era frustrante, habiendo nacido para servir a Cristo, no podía hacerlo por causa de esta difícil circunstancia, mi vida espiritual menguó mucho. Mi esposa con su rebelión había tomado toda la autoridad en la casa, las cosas estaban al revés, y por esto no podía gobernar mi casa.

Siempre cuando me encontraba a solas, meditaba y le decía al Señor: ¿Cuándo volveré a ti amor mío, cuándo me vas a restaurar mi vida, mi casa? Pues yo sabía lo que era disfrutar del poder renovador, regenerador, y vivir una vida en comunión con Dios, mas ahora no lo tenía, se había ido de mí. ¡Oh qué frustración!

Mi vida era igual que la de cualquier hombre en esta tierra, solamente tenía lo natural, parecía ser que todo el poder espiritual se había ido de mí; sin embargo, siempre estaba agradecido con Dios por la vida de mis hijos, me dediqué a criar a mis hijos, cocinándoles, estando al tanto de todas sus necesidades, esto era todo lo que tenía, mas sabía dentro de mí que era un miserable, sin poder servir a Cristo el amor de mi vida, que me había librado de pasar encerrado toda mi vida en una prisión.

Me sentía miserable por causa del menosprecio que recibía de parte de mi esposa, a veces era tanto el vacío, que tenía que correr a buscar el video que tenía guardado en una caja, donde salía en las noticias, la victoria de mi juicio, y así recordar lo que el Señor había hecho por mí, esto en cierta forma me hacía volver en sí, y decía: Padre, he pecado contra el cielo y contra ti. Ya no soy digno de ser llamado tu hijo; hazme como a uno de tus jornaleros. *(Lucas 15:18-19)*. Cada día que pasaba mi esposa se ponía más rebelde, con menos temor de Dios, pero mi esposa irónicamente oraba todos los días, mas no cambiaba su vida tibia.

El brujo

Un día de tantos me encontré en el gimnasio Bally al brujo (babalao) aquel mafioso con el que había tenido todos los problemas muchos años atrás, al verlo me sorprendí mucho, al principio me quiso importunar diciéndome que yo le debía unos kilos de cocaína, sin embargo, después, entrando en razón comenzó a decirme que lo entrenara a levantar pesas, lo cual hice de buena gana, mientras yo lo entrenaba, él comenzó a decirme que había echo muchas brujerías para tratar de matarme, pero no había podido, y añadió diciendo, que Satanás mismo le dijo; que no podía hacerme nada, porque Dios en su trono, había enviado al Arcángel Miguel a cuidarme siempre, y no se me podía tocar.

La ramera

Mi esposa trabajaba en una oficina de seguros de salud que estaba situada en un **"SÉPTIMO PISO"** en la cual trabajaban muchos hombres y mujeres también. Cierto día entró a trabajar allí una mujer, la cual era casada con un hombre mayor que le daba todo. Mi esposa estableció una buena amistad con ella, siendo que esta mujer era nueva en el trabajo, mi esposa la ayudaba en todo lo que podía. Una amistad entre ellas empezó a desarrollarse cada vez más fuerte. La mujer la llamaba por teléfono muchas veces a la casa.

Un día de tantos, levanté el teléfono de mi casa, el que estaba situado en la cocina, queriendo llamar a alguien, de pronto escuché a mi esposa y a su amiga hablando. Mi esposa al darse cuenta que yo estaba escuchando, dijo rápidamente a la mujer, calla no digas nada más. Esto levantó una gran duda y sospecha en mi corazón en cuanto a la fidelidad de mi esposa. Comencé a preguntarle a mi esposa, ¿Qué está sucediendo? Ella me contestó diciendo: Mi amiga tiene problemas con su esposo y no quiero que los escuches. Al principio me quedé tranquilo, pero unos días después, queriendo usar el teléfono otra vez, sucedió que al levantarlo, escuché a la amiga de mi esposa diciendo ¿Podemos hablar? ¿Dónde está tu esposo? Mi esposa contestó; él está aquí, no podemos hablar.

Me enfermé completamente de celos, comencé a demandarle frenéticamente a mi esposa que me dijera la verdad de lo que estaba sucediendo, ella me lo negaba todo diciendo, tú estás loco, todo está en tu mente, Dios sabe que no estoy en adulterio.

No podía creerle, cada día sucedía algo que la ponía en sospecha, más y más. Su comportamiento comenzó a empeorar desmedidamente, no paraba de peinarse, perfumarse, y tratar de lucir mejor cada vez más. Se arreglaba el cabello todos los días, cosa que no solía hacer anteriormente. Su actitud era impía desmedidamente, sin embargo la gente que nos conocía, los cuales no eran cristianos, le daban toda la razón, todos a una decían que yo estaba loco. Ellos pensaban así, porque no conocían lo que era ser un cristiano (nacido de nuevo) y miraban normal este tipo de conducta mundana.

En una ocasión le dije a mi esposa, me buscaré otra esposa, pensando que la provocaría a celos para hacerla reaccionar, mas ella respondió: No me importa, **"TU SOLO SIRVES PARA AYUDARME A PAGAR LAS CUENTAS".**

Era desesperante la situación, comencé a vigilar a mi esposa muy de cerca, no podía encontrar ninguna evidencia de adulterio físico. Un día se me ocurrió amenazarla diciéndole, que iría a hablar con el esposo de su amiga, y le contaría sobre las sospechosas llamadas por teléfono. Mi esposa se asustó mucho cuando le dije esto, y me dijo, no lo hagas, yo te diré la verdad. Mi corazón tembló de miedo de imaginarme que mi esposa estaba en adulterio y que finalmente ahora lo confesaría. Mi esposa dijo, no soy yo, es mi amiga la que esta en adulterio, y ella me a hecho su confidente sin yo quererlo, a abusado de mi amistad sincera, haciéndome participar de esto, no sé ni como me volví su cómplice, ella me ha dicho que está como embrujada, me dijo que aunque su marido era el mejor hombre del mundo, ella estaba enamorada de otro hombre, el cual era casado, porque la hacía sentir mejor.

Entonces le pedí a mi esposa que me dejara escuchar por el teléfono cuando su amiga la llamara ese mismo día, para constatar estas cosas, pues su amiga la llamaba casi todos los días, mi esposa y yo, nos pusimos a esperar la llamada. Unas horas después cuando llegó la noche de ese mismo día, la mujer llamó por teléfono y preguntó, ¿está tu esposo? Mi esposa le contestó: No, pero yo estaba escuchando por otro teléfono en el mismo cuarto con mi esposa. La mujer empezó a contar que se había visto con el hombre, que le había ido muy bien en la cita, que estaba muy satisfecha, de repente la mujer dijo, te tengo que colgar porque mi esposo esta por ahí, mañana te cuento, yo lo pude oír todo. Lloré y le di gracias a Dios porque no era mi esposa la que estaba en adulterio, por un lado era bueno y por otro, era horrible pensar que mi esposa era cómplice de un adulterio, pero ésta era la realidad.

Mi esposa y la ramera comían juntas, eran grandes amigas, no podía entender como mi esposa había llegado tan bajo, hasta perder su sincera fidelidad a Cristo.

Desde entonces comencé a suplicarle a mi esposa que saliera de ese trabajo, ella se negó rotundamente a obedecerme, lo cual me dio nuevamente sospechas. Compré una micrograbadora, la cual coloqué debajo del forro de su cartera, todos los días la grababa en el trabajo, sin que se diera cuenta, y cuando ella venía, yo sacaba la grabadora para escucharlo todo. Sólo pude constatar por las pláticas grabadas, que su amiga realmente estaba en adulterio, sin embargo, de mi esposa, nunca pude comprobar nada en concreto.

Comencé a rogarle con lágrimas a mi esposa, que dejara ese trabajo, y empezara a trabajar conmigo en mi negocio de ventas de anuncios de televisión y radio que yo tenía entonces, pues había dejado los restaurantes. Le expliqué, que no podía soportar esta prueba, que aunque ella no estuviera en adulterio, yo no resistía que ella siguiera en ese lugar. Apelé a su amor de hermana en Cristo, le pedí que lo hiciera por amor al Señor, pero ella se negaba rotundamente a dejar el trabajo, no tuvo misericordia. Fue tanta mi confusión e incertidumbre, que decidí, dedicarme de lleno a vigilar a mi esposa secretamente, escondiéndome y paseándome de extremo a extremo en el **SÉPTIMO PISO.**

Un día fui a la oficina donde trabajaba mi esposa y estando furioso, quise interrogar a uno de sus compañeros de trabajo, un vendedor de seguros, para ver si entre ellos, había algo, al verme él furioso, me tuvo terror y corrió hacia adentro pidiendo auxilio, al verlo correr, mis sospechas se aumentaron, y entré y hablé con mi esposa, preguntándole. ¿Que tienes con este hombre? ¿Por qué huyó de mí? Ella me dijo, Dios me es testigo que no tengo nada con este hombre, entonces me fui.

Todo era una locura, una terrible confusión. Mi esposa se rebeló aún más después de esto, aun dijo en la oficina que llamaran a la policía si me volvían a ver por allí, sabiendo que yo era ilegal y si me identificaban me quedaría preso. Mi esposa me llegó a desconocer completamente, sin embargo, no paré de vigilarla, me arriesgaba todos los días y entraba al **SÉPTIMO PISO.**

Mi esposa estaba ciega, no tenía ni el mínimo temor de Dios. Ella me menospreciaba mucho, podía sentir que a sus ojos, yo no valía nada. Percibía que ella admiraba la vida de los hombres que trabajaban en el **SÉPTIMO PISO,** para ella, ellos eran más importantes que yo, y más sabios.

Ella prefería pedirle consejos a cualquiera de ellos, antes que a mí, y aun guardaba un respeto hacia ellos, que ella no sentía por mí. Todos los días le rogaba a mi esposa que fuéramos a almorzar juntos y tan sólo una vez por semana me complacía. Inexplicablemente con todo lo que mi esposa me hacía, yo no podía desecharla y olvidarme de ella. A veces pensaba en irme de la casa y olvidarlo todo, pero al final concluía que mi amor por ella siempre estaba en mí, y no podía olvidarme de ella.

Por esta causa comencé a enfermarme mucho de los nervios, comía sólo una vez al día, comencé a perder peso, entré en una crisis nerviosa.

Empecé a experimentar un dolor y sufrimiento profundo que me doblegaba por completo. Estando a solas en mi habitación, una fuerza sobre natural me hacia caer de rodillas y clamar a Dios llorando, tenía que orar, y leer la Biblia, si no lo hacía sentía que moriría, el dolor era insoportable, parecía que Dios se había olvidado de mí.

En esos días murió mi papá, el 11 de diciembre de 2004. Unos días después de su muerte, el 19 de diciembre se reunió toda la familia en una Iglesia Católica en memoria de él, ya que mi madrastra y mis dos hermanas son católicas, no tuve otra opción que tener que asistir, cuando salí de la iglesia apóstata, tuve que irme a trabajar a un restaurante italiano que estaba situado en South Miami, pues mi negocio de publicidad, menguaba para la temporada de Navidad. Cuando salí de trabajar esa noche se me olvidó encender las luces de mi auto, habiendo avanzado unas pocas calles conduciendo el auto, me paró la policía de South Miami ¡Qué gran problema! Yo no tenía licencia desde el año 1986, tenía que ir al trabajo conduciendo sin licencia todos los días, confiando solamente en la protección del Señor.

Los policías me preguntaron por mi licencia y al decirles que no tenía, me preguntaron por mi número de seguro social, y se los di, con este número me investigaron por completo, ahí salieron a relucir los tres casos que me quedaban pendientes en Miami.

Estos tres casos fueron suficiente para llevarme preso, antes de ponerme las esposas, me permitieron usar un teléfono celular para llamar a mi esposa, y la llamé de inmediato, y muy calmadamente le dije: Amor me voy preso otra vez, y comencé a despedirme de ella, diciéndole que la amaba mucho, que no importaba que había vuelto a perder mi libertad, que no se sintiera culpable, que aún si se volviese a repetir la historia, volvería a venir por ella, también le pedí que me esperara otra vez, ella entonces empezó a llorar diciendo, Cristo ayúdanos, ayúdanos y comenzó a repetir el nombre de Cristo muchas veces. Yo le repetía muchas veces, te amo, te amo, te amo mucho.

Me llevaron a la cárcel de Miami-Dade County (Turner Guilford Knight Correccional Center) situada en la 7000 NW 41 ST. Cuando entré en este lugar recordé las palabras que el Señor me había dicho: **El CRUZARÁ, NADIE LO DETENDRÁ, Y YO LOS REUNIRÉ, Y SERÁN FELICES PARA SIEMPRE.** No podía entender como ahora terminaría preso, pensé que cuando el Señor dijo: **ÉL CRUZARA, NADIE LO DETENDRÁ,** simplemente se refería a la pasada del desierto, y que ahora, obviamente mi fin era volver a la prisión.

Me resigné y pensé, sin duda perderé a mi esposa esta vez para siempre, y comencé a consolarme yo mismo diciéndome: Pase lo que pase, nunca perderé al Señor Jesucristo, ni tampoco a mis hijos. De pronto me llamaron y me trajeron delante de la máquina de las huellas digitales, una en la cual se pone sobre ella la mano y te da toda la información nacional, federal y estatal, cuando puse mi mano sobre ella, sólo dije; en el nombre de Jesús.

Cuando los carceleros recibieron la respuesta computarizada, inmediatamente me dijeron, puedes irte libre bajo fianza, solamente poniendo $1,200 dólares por los tres casos pendientes, mi caso migratorio fue obviamente oculto a los ojos de ellos. La cárcel no me podía detener, por causa del rhema, y recordé que el Señor Jesucristo permanece fiel, como dice en su palabra:

(2 Timoteo 2:13)
"SI FUÉREMOS INFIELES, ÉL PERMANECE FIEL;
ÉL NO PUEDE NEGARSE A SÍ MISMO."

Desde la cárcel llamé a mi esposa y le dije que enviara a pagar la fianza, pues me dejarían ir libre, ella de inmediato envió a alguien de mi familia, mi esposa pagó los $1,200 dólares. Después de estar solamente cinco horas en la cárcel, fui liberado, unos familiares me estaban esperando afuera. Entonces me contaron, que mis hijos, cuando oyeron que me habían arrestado, salieron de la casa donde estaban reunidos y se postraron en la calle rostro en tierra, y empezaron a clamar al Señor con gran llanto, dejando un charco de lágrimas en el piso, ellos oraron hasta oír que yo saldría libre bajo fianza. Dios en su gran amor, escuchó sus oraciones.

Cuando llegué a la casa, me encontré con mi esposa y se puso contenta, pero no por mucho tiempo, pues al día siguiente me estaba reclamando, diciendo, tú eres un desastre, se te olvidó encender las luces del carro y por eso te arrestaron. Yo le contesté, nada es por casualidad en mi vida. Si el Señor permitió que esto sucediera y metió su mano para que yo no quedara preso, es por algo que Él va hacer en mi vida. La palabra de Dios dice:

(Romanos 8:28)
"Y SABEMOS QUE A LOS QUE AMAN A DIOS, TODAS
LAS COSAS LES AYUDAN A BIEN, ESTO ES, A LOS QUE
CONFORME A SU PROPÓSITO SON LLAMADOS."

Unos días después le pedí ayuda a un abogado, cliente del restaurante donde yo trabajaba anteriormente, el cual era amigo mío. Él solía llegar a comer todos los días al restaurante, yo siempre lo atendía. Le expuse los tres casos que habían pendientes en mi contra, el me dijo, que por causa de nuestra amistad, solamente me cobraría una cantidad simbólica, la cual fue solamente $500 dólares. Yo sabía que esta cantidad por sus servicios de abogado, era un regalo, inmediatamente se los di.

Un par de meses después, cargo por cargo fue retirado por el juez de la corte de Miami, todos mis casos fueron cerrados y aún mi licencia fue limpia, desde entonces aparezco en la computadora, como Safe Driver, Class E (conductor confiable).

Mi record criminal quedó completamente limpio. Entonces recordé, la visión del **BUMERAN** que muchos años atrás había tenido en New Orleáns, en la cual me vi tirando un bumeran que regresando en contra mía, el Señor lo partió en dos aún estando en el aire y cayó a tierra, no me pudo hacer daño y había sido libre de todos mis problemas en Miami, el Señor nunca falla, amén.

Capítulo IX
La restauración

Un día mi hijo David se enfermó y fue hospitalizado por cuatro días en el Children Hospital de Miami, por causa de un grano en la nariz que se le había infectado inexplicablemente. La primera noche mi esposa se quedó cuidándolo en el hospital, yo regresé a casa, y al verme solo, se me ocurrió pedirle a Eric mi hijo menor que orara conmigo para que Dios viniera en sueños a mí. Eric y yo nos convenimos en oración y nos dormimos.

El Señor tuvo misericordia de mí y escuchó mi oración, él me habló en sueños y dijo: **ENCOMIENDA A JEHOVÁ TU CAMINO, CONFÍA EN ÉL Y ÉL ENDEREZARA TU SENDA.** ¡Oh que bondad, de parte de Dios! El se dignó a ayudarme. Al despertarme le di gracias al Señor, sabía que todo ahora estaría concluido; que Dios metería su mano en el asunto. Cuando llegué al hospital y vi a mi esposa, le dije, el Señor me habló en sueños, él se encargara ahora de ti, y me librara de todas mis angustias, mi esposa solamente se alegró y dijo, ¡ah que bueno!

Cuando David fue dado de alta en el hospital, regresamos todos a casa. Un día después, estando acostado en la cama con mi esposa, ella se levantó para ir al baño, y yo viéndola, dije para dentro de mí: por el amor de esta pobre mujer que se ha olvidado del Señor, y no tiene ningún valor comparado a mi Señor, he dejado a Cristo, dándole rienda suelta a mis emociones ¡No puede ser! Y oré desde mi cama y dije: Señor, yo te amo, quiero volver a ti.

Al día siguiente, por la tarde entrando en el baño de mi casa, me arrodillé y le dije al Señor: Señor, ya no me importa mi esposa, te la entrego en tus manos, si ella está en adulterio, sácala de mi vida, aún si ella se tuviera que ir con otro hombre, ya no me importa, o si fuera necesario que ella muriera para arreglar esta situación; sólo te ruego, poder volver a ti, de todo mi corazón, y empezar a servirte como toda la vida he querido hacerlo, restáurame, yo te amo con todo mi corazón. Cuando terminé de orar y comencé a levantarme, un pensamiento entró en mi corazón, y volví a ponerme de rodillas, y dije: Señor, si mi esposa, no ha estado en adulterio físico, te ruego que vuelvas a restaurar el temor de ti en su corazón, en una semana, y fijé el día límite de la semana.

No habían pasado ni cuatro días, y el Señor vino en sueños a ella. Soñó que estaba en medio de una tormenta en el mar, lista para morir, y estando en esta situación se le permitió un teléfono para llamarme, y me dijo: que se vio en el sueño pidiéndome perdón en medio de la tormenta, y vio en el sueño, cuando yo la escuché, que procedí a rescatarla en un auto y fue rescatada de la muerte.

Un día antes que se cumpliera el plazo de la semana que le pedí por señal al Señor, empecé a hablar con mi esposa, diciéndole; has turbado la casa, nos has quitado la paz, te has robado el culto y la adoración del Señor con tus rebeliones, porque mis hijos y yo somos de Cristo, y por tu culpa, toda la casa, se ha desviado. El Señor se encargará de ti si no te arrepientes, cuando ella escuchó esto, dijo: Que me hable Dios y no tú, porque tu estás loco.

Al llegar la mañana del día siguiente, pude observar a mi esposa levantarse de la cama para ir al baño, yo pensé dentro de mí, todo está perdido, mi esposa probablemente está en adulterio y nunca volverá a Cristo. Al regresar ella del baño, me dijo muy asustada, el Señor me habló mientras dormía, y tuve una visión: Yo estaba envuelta en una toalla, escogiendo una ropa para vestirme, de pronto una mujer profetiza, la cual me agarró con sus dos manos de hombro a hombro, dejándose sentir intensamente apretándome fuertemente, me habló al oído, y dijo: **"DICE EL SEÑOR, QUE YA NO USES MAS PANTALONES, NO SEAS UNA VERGÜENZA PARA TUS HIJOS".** Al cesar la voz, se me hizo muy oscuro en el sueño, y yo dije muy angustiada estando en oscuridad: Señor, dame una oportunidad más, una, una, y entonces se aclareció totalmente y me desperté. Cuando mi esposa terminó de contarme este sueño, empezó desesperadamente a buscar una falda, pues las había donado todas al Good Will (casa de donaciones) ella estaba usando solamente pantalones, gracias a Dios encontró entre sus ropas una sola falda, la cual se puso esa misma mañana.

Yo solamente le recordé que aunque la palabra de Dios manda a la mujer a vestirse decorosamente, como dice repetidas veces la Biblia, esta vez el Señor, no solamente se estaba refiriendo al vestido externo, al enviarle a decir, **NO USES MAS PANTALONES,** sino a la usurpación de la autoridad impuesta por el Señor, la cual ella había usurpado, ya que la palabra de Dios claramente dice:

(Efesios 5:22, al 24)
"LAS CASADAS ESTÉN SUJETAS A SUS PROPIOS
MARIDOS, COMO AL SEÑOR; PORQUE EL MARIDO

ES CABEZA DE LA MUJER, ASÍ COMO CRISTO ES CABEZA DE LA IGLESIA, LA CUAL ES SU CUERPO, Y EL ES SU SALVADOR, ASÍ QUE, COMO LA IGLESIA ESTA SUJETA A CRISTO, ASÍ TAMBIÉN LAS CASADAS LO ESTÉN A SUS MARIDOS EN TODO."

Mi esposa asustada aún por la voz que le habló, me preguntó: ¿Qué quieres que haga? Yo solamente le dije: deja el trabajo del **SÉPTIMO PISO,** que sólo ha servido para separarnos. Entonces ella escuchó mi voz y me dijo, lo dejaré, solamente tendré que darle dos semanas de aviso a mi jefa, pues me hizo prometerle el día que me contrató, que le diera dos semanas de anticipación el día que decidiera irme del trabajo. Yo le dije: Es suficiente con una semana de anticipación, pero mi esposa insistió que tenía que darle dos.

Entonces le pedí al Señor otra señal, diciéndole: Si mi esposa no ha estado en adulterio físico, sácala del trabajo en solamente una semana. Yo no le dije a mi esposa que yo le había pedido al Señor por esta señal. Mi esposa renunció a su trabajo, y acordó con su jefa que se iría en dos semanas, aún el dueño de la agencia insistió que se quedara trabajando por un tiempo más, mas ella le dijo que no podía porque se iba a trabajar conmigo.

Tres días después, que el Señor le habló, yo fui a buscar a mi esposa a su trabajo, para llevarla a almorzar, y estando juntos comiendo, mi esposa empezó a sentir una gran opresión inexplicable, me decía: "No sé que me pasa," entonces le dije: No deberías de esperar más tiempo, sal ya de ese lugar en esta semana, y ella me dijo: verdaderamente eso es lo que quiero, en cuanto ella tomó esta decisión, la opresión que tenía se fue. Ella no le dijo a nadie que había tomado esta decisión, y un viernes el cual era el último día de plazo de la señal que yo le había pedido al Señor, mi esposa se despidió de todos en el **SÉPTIMO PISO,** y se marchó.

Unos días antes que mi esposa se fuera del trabajo yo le dije que le hablara de Cristo a la mujer adúltera, que le dijera que estaba arrepentida de haberla escuchado, mi esposa lo hizo así. Mucha gente en el trabajo se molestó con ella, por causa de su salida anticipada, aun fue insultada por el esposo de su jefa, que ni siquiera trabajaba ahí, pero esto no la detuvo, pues fue Dios quien la sacó.

De regreso a casa

Cuando mi esposa dejó el trabajo, mi actitud hacia ella en mi corazón empezó a cambiar. Aunque el Señor había revelado que la causa de toda la tibieza en nuestra casa descansaba en mi esposa, yo no sentí ninguna mala voluntad hacia ella, sino más bien una gran misericordia. Me hice de este sentir, que si el Señor había tenido misericordia de mí para restaurar mi propia vida, cómo yo no debía ahora tener también esta misma misericordia hacia mi esposa. Propuse en mi corazón olvidarme de todo resentimiento, mal pensamiento, y cosas del pasado, para no ser tropiezo a la restauración de ella.

Incorporé a mi esposa en la cuenta bancaria de mi pequeño negocio, aunque era poca cosa, ella comenzó a recibir mis pequeños cheques. Toda gestión en mis negocios, ella la hacía. Empecé a verla más linda cada día, aunque aún ella no estaba renovada todavía, me conformaba con tenerla a mi lado todo el día. No me separaba de ella ni un segundo, me sentía agradecido con Dios que ella había vuelto otra vez a tener comunión conmigo. Empezamos los dos juntos a buscar de Dios congregándonos nuevamente con todos nuestros hijos en una iglesia, pero sentía que todavía no habíamos vuelto a aquella comunión que un día habíamos tenido con el Señor, pues muchos vestigios de la carne aún nos quedaban por dejar.

Comencé a recordar todo lo que el Señor había hecho en mi vida, de cómo el Señor me salvó la vida en el tiroteo con los policías en Ohio, los cinco tiros que me dispararon y no me tocaron, de cómo el Señor había tenido misericordia de mí llevándome a Guatemala para conocer su Nombre, de cómo el Señor había salvado la vida de mi hijo David, de cómo el Señor me había librado de morir en la cárcel, de cómo el Señor me había hablado y cruzado el desierto, de cómo el Señor no permitió que mi esposa cayera en adulterio, de cómo el Señor no había permitido la destrucción de toda mi familia, la cual lleva el Nombre del Señor Jesucristo, y aún está fundada sobre la Roca, a pesar de todas las lluvias, ríos y vientos, contra esta casa, y no cayó.

Empecé a sentir un gran deseo de servir al Señor, recordando la visión donde vi; La historia de un joven que fue salvo por Jesús, también una misteriosa visión sobre mi ministerio, que recibí cuando yo estaba preso, de la cual no quiero hablar ahora hasta que empiece su cumplimiento.

Empecé a sentir que mi vida no tenía sentido si yo no servía a Cristo mi Señor, que todo es vacío y rutinario, monótono en esta vida, si yo no seguía el camino de servicio a mi Señor. Nada me llenaba; comer, beber, dormir, comprar, poseer y aun mi propia familia, se me volvió poco, sentí que mi vida sólo tendría sentido haciendo algo por el reino de Cristo, ganando almas para Él, manteniendo mi propia vida en adoración continua para Cristo, mi Dios y Salvador.

Comencé a recordarle a mi familia continuamente, todas las visiones olvidadas que ellos ya conocían sobre el ministerio que el Señor nos ha dado. Sin embargo, aunque mi esposa había vuelto en comunión conmigo, ella todavía no sentía devoción de servir al Señor. Yo le decía tenemos que dejar las redes y seguir al Señor, mas ella se quedaba callada, no mostraba ningún deseo de dejar su vida para servir al Señor. Comencé a angustiarme al ver que mi esposa y yo teníamos sentires opuestos, por causa de esto, le pedí al Señor aún una señal más, y oré a Dios de esta manera: "Señor, si mi esposa verdaderamente, nunca estuvo en adulterio, colócale la mente en el lugar correcto, en una semana." Yo no podía comprender que aún habiendo ya vuelto el Señor a restaurar nuestra relación, todavía ella no sentía igual que yo. Sabía que algo estaba incompleto, yo había deseado desde que conocí al Señor que mi esposa fuera una adoradora, llena de amor por el Señor, guerrera de oración, y con poder para servirle.

Pasando como tres días, después que yo pedí esta señal al Señor, tuve una visión, donde escuché, una voz que me dijo: **CUANDO TU ESPOSA MUERA, ENTONCES TU SERAS RESTAURADO COMPLETAMENTE.** Al oír esta voz, pensé que mi esposa moriría literalmente.

Poco a poco inconscientemente empezó a desarrollarse dentro de mí una falta de interés por mi esposa, mi amor por ella empezó a enfriarse, y empecé a perder las esperanzas que ella pudiera servir a Dios a mi lado. Sólo sentía una gran compasión por ella, pensando que habíamos empezado juntos en Cristo y que ella no podría llegar a la meta, esto me causaba mucha tristeza; pues yo sabía que Jehová honra a los que lo honran, y los que lo desprecian serán tenidos en poco. *(1 Samuel 2:30).*

Mi esposa termina en Cristo

Un día antes que se cumpliera el plazo de la señal que yo le había pedido al Señor, que colocara la mente de mi esposa en el lugar correcto, en una semana. Estando acostado en la cama con mi esposa, teniendo ella su cabeza sobre mí pecho, empezó a llorar amargamente, sus lágrimas corrían sobre mí, pidiéndome perdón, ella no podía parar de llorar, diciendo: perdóname por haberte abandonado, y haberte hecho sufrir tanto, he sido una insensata menospreciando el amor tan grande que me has dado, pues has arriesgado hasta tu vida por mí. He estado ciega todo este tiempo, y no me había dado cuenta que Dios me a dado un esposo que me a amado mucho.

Mi esposa empezó a experimentar un arrepentimiento profundo, pero yo esta vez, estaba un poco insensible, aunque me di cuenta que su arrepentimiento era genuino, no me conmovía mucho. Mi esposa en primera instancia enfocó todo su arrepentimiento para conmigo, es decir, estaba triste por haberme hecho sufrir a mí y no por haber hecho sufrir al Señor, yo inmediatamente le dije: Te perdono; y aunque realmente la estaba perdonando, mi interés por ella como esposa se había ido, ella lo pudo percibir y se puso muy triste.

Mi esposa apeló a mi amor de hermano en Cristo y me dijo: No quiero morir y llegar al cielo con este testimonio tan horrible, sería una vergüenza para mí, que el Señor me haya dado tanto amor, y no lo haya yo apreciado. Entonces me di cuenta que ella estaba arrepentida también para con el Señor.

Cuando mi esposa apeló a mi amor de hermano en Cristo, yo pensé en mi corazón, que tenía que esforzarme y sentir compasión por ella, pensé que si tenía en mi corazón el deseo de restaurar almas para Cristo, ésta tenía que ser la primera. ¿Cómo le negaría el amor perdonador de Cristo a mi propia esposa? Que había empezado conmigo desde niña, y habiendo ahora ella tropezado, la echaría a un lado, para ir después a restaurar otras almas para Cristo. Y pensé que si no le daba una oportunidad a mi esposa de sembrar como esposa, al final de mi carrera yo me sentiría perdido porque he aprendido del Señor que una sola alma, vale toda la crucifixión de Cristo, y el que deja perder un alma, las ha perdido todas. Entonces le dije a mi esposa, yo te perdono quédate tranquila. Y mientras mi esposa lloraba sobre mi pecho, me quedé dormido y tuve una visión: **VI AL SEÑOR EN LA CRUZ LEVANTADO EN EL AIRE, CRUCIFICADO Y LLORANDO, SUS LAGRIMAS AL CAER SE UNÍAN CON LAS LAGRIMAS DE MI ESPOSA, Y UNIÉNDOSE LAS LAGRIMAS DEL SEÑOR JUNTO CON LAS DE MI ESPOSA CORRÍAN SOBRE MI PECHO.** Sólo habían pasado como tres segundos y me desperté impresionado de esta visión, al instante abrasé a mi esposa y le dije: amor te perdono, pues el Señor, me dio una visión, donde Él, con sus lágrimas intercedió por ti.

No podía comprender, como el Señor había intercedido con lágrimas por mi esposa uniéndose con ella a pedirme perdón por ella, siendo yo él más bajo de todos los hombres, sin embargo aunque no entendía lo que el Señor estaba haciendo, no tuve más que decir, Señor perdóname, yo no soy digno de que tus lágrimas caigan en mi pecho, al instante, sentí un perdón absoluto por mi esposa, y mi amor por ella fue restaurado totalmente.

Unos días después, escuché a un predicador que predicaba el mensaje del trigo y la cizaña. *(Mateo 13:36 al 43)*. Y estando aun en la congregación escuchando este mensaje, volviendo en sí, dije: Me levantaré e iré a mi padre y le diré: Padre, e pecado contra el cielo y contra ti. Ya no soy digno de ser llamado tu hijo; hazme como a uno de tus jornaleros. *(Lucas 15: 18 y19)*.

128

Cuando regresé a mi casa, reuní a mi esposa y a mis tres hijos, y les dije. Todos nosotros somos simiente de Dios y tenemos poder para vivir una vida santa, sólo tenemos que volver en sí, y darnos cuenta quienes somos. La palabra de Dios dice, que el que es nacido de Dios vence al mundo y añadí, diciendo: ¡Hoy esta casa ha vuelto a Cristo para siempre! Y empezará una vida consagrada al Señor. Todos mis hijos y mi esposa estábamos impactados; pasamos como tres días en silencio viéndonos las caras el uno al otro arrepentidos de nuestras faltas. Todos a una nos rendimos voluntariamente de todo el corazón, para servir a nuestro gran Dios y Salvador, nuestro Señor Jesucristo. Después de esto, empezamos todos a dejar nuestras vidas, cada uno empezó a dejar lo suyo. Una revolución se efectuó en nuestra casa, todos dejamos las redes para seguir a Jesús. Nos rendimos a Él por completo, porque Él es, y ha sido, y será, la única razón de nuestras vidas. Comenzamos a buscar el rostro del Señor cada día.

Mi esposa no paraba de arrepentirse, lloraba, y lloraba amargamente, perdió diez libras de peso en dos semanas, su arrepentimiento era tan fuerte, que literalmente estaba muriendo cada día, yo no sabía como hacer para consolarla, le repetí mil veces que descansara en el perdón de Cristo, pero ella me decía que aunque ella sabía que el Señor la había perdonado, no podía dejar de estar triste, por no haber tenido amor y misericordia de mí. Yo me esforzaba de varias maneras para convencerla que ya la sangre de Cristo la había lavado, y el Señor había intercedido por ella con lágrimas, pero ella no dejaba de arrepentirse y de estar triste, ya me tenía preocupado, temí mucho que enfermara, hasta que un día le prediqué un mensaje por una hora, el cual es: **EL PERDÓN DE JESÚS, ES MÁS GRANDE QUE TODOS TUS PECADOS.** Le dije: No puedes hacer un dios de tus pecados, porque el sacrificio de Cristo en el calvario es más grande que todos los pecados del mundo, entonces ella recibió el mensaje y me dijo, que ahora iba a estar bien, y nos fuimos a dormir. No habían pasado ni diez minutos de haberme quedado dormido, y tuve una visión en sueños: Me vi entrando al baño de mi casa y cuando me iba a peinar enfrente del espejo, la voz de Dios me dijo: **ARREPIÉNTETE TU TAMBIÉN, PUES NO HAS HECHO LO RECTO PARA CON TU ESPOSA, PÍDELE PERDÓN POR TODAS TUS FALTAS CONTRA ELLA.**

Cuando desperté, estaba aterrado y temblando, me volví hacia mi esposa, y le dije; perdóname por todas mis infidelidades y pidiéndole perdón muchas veces, le dije: el Señor te ama mucho; entonces mi esposa me lavó los pies y me dijo: te perdono en el nombre de Jesús. Unos días después, comencé a sentir un gran deseo de servir al Señor, recordando nuevamente, *LA HISTORIA DE UN JOVEN QUE FUE SALVO POR JESÚS.* Sabía que no me podía quedar con esta historia guardada, porque no me pertenece a mí, sino más bien al Señor Jesús, porque esta historia es más bien, *LA HISTORIA DEL AMOR DE JESÚS HACIA UN JOVEN PERDIDO.*

Empecé a orar a Dios pidiéndole dirección. Mi esposa y mi hijo Franco me decían, empecemos el libro, te vamos a ayudar, pero yo les decía, no puedo hacer nada hasta que el Señor me hable directamente sobre el libro. Ese mismo día un viernes 9 de diciembre de 2006, el Señor vino en sueños a mí, y me mostró el primer capítulo del libro, que se llama: **MI PRIMERA COMUNIÓN.** Cuando desperté estaba maravillado de que el Señor, aún estaba interesado en hacer este libro. Mi esposa empezó nuevamente a decirme vamos a empezar a escribir el libro, pero yo le dije: No puedo hasta que el Señor me diga cual es la mitad y el fin del libro, y todo su contenido. Al día siguiente, un sábado 10 de diciembre de 2006, empezando a las 6 PM. toda mi casa ayunó por veinticuatro horas y fuimos a un monte a proclamar todas las promesas personales que Jesús le ha dado a nuestra familia, sobre el ministerio y sobre la victoria que ya fue ganada en el calvario para nuestras vidas.

Cuando terminamos de ayunar el domingo a las 6 PM, 11 de diciembre de 2006, llegando la noche, me fui a dormir con mi esposa, y se me fue el sueño. Sabía que no era digno de servir al Señor, que soy el más pequeño de todos sus hijos y el que más le ha fallado, comencé a angustiarme en gran manera, diciéndole al Señor: Señor, yo no puedo servirte, no puedo hacerlo, porque no tengo un testimonio recto en mi vida, fui un delincuente, y aún habiéndote conocido no te he sido fiel como es debido y no me siento capaz, tengo temor de fallarte, porque soy poca cosa, pero no te puedo decir que no, porque tu me sacaste de la cárcel, y aquel día antes del veredicto en el juicio donde yo iba a perder mi vida, yo te dije: Si tu rompes estas cadenas de mis manos y mis pies, yo te serviré todos los días de mi vida.

No podía dormir, daba vueltas y vueltas en la cama, y miraba mi propio cuerpo y me decía, no soy digno de servir al Señor, no soy digno de servir al Señor, como a las cuatro de la madrugada, del 12 de diciembre de 2006, fui al baño y me vi en el espejo y me dije: no soy digno de servir al Señor, ¿qué puedo hacer, si Él me esta llamando? Yo no me debo a mí mismo, sino al Señor, Él me sacó de la cárcel con un propósito, pero al mismo tiempo, no me siento capaz de poder servirlo.

Cuando regresé del baño, encontré a mi esposa en la cama despierta, y le dije temblando, no he podido dormir en toda la noche pensando que no soy digno de servir al Señor, ella no me respondió. Estaba cansado en gran manera, no había podido dormir en toda la noche, y mientras pensaba en todo esto, me quedé finalmente profundamente dormido, entonces vi al Señor: **MIRE ESTE LIBRO, PUESTO EN EL PISO DE UN CAMINO ANGOSTO, Y YO PARADO ENFRENTE DE ÉL, EL LIBRO SE VEÍA GRANDE, COMO DE TRES METROS, ESTABA ABIERTO, LA MITAD DE LAS PAGINAS**

A MI IZQUIERDA Y LA OTRA MITAD A MI DERECHA. EL SEÑOR JESUCRISTO, ESTABA PARADO HACIA MI DERECHA, EN EL FINAL DEL LIBRO, Y ME DIJO: COMIENZA EL LIBRO, COMO YA TE LO DIJE, COMO YA TE LO DIJE, Y TERMINA, EN CRISTO, EN CRISTO, SÓLO EN CRISTO. TU ESPOSA TIPIFICÓ A LA DENOMINACIÓN A LA MITAD DEL LIBRO, Y TERMINA EN CRISTO. Cuando el Señor dijo: Y termina en Cristo, en Cristo, sólo en Cristo, estrechó sus manos tres veces llevando sus manos hacia Él, haciendo un camino muy angosto, que termina en Él.

Cuando el Señor dijo, tu esposa tipificó a la denominación a la mitad del libro, y termina en Cristo, se inclinó hacia abajo y puso el dedo índice de su mano derecha a la mitad del libro, y al terminar de decir, tu esposa tipificó a la denominación a la mitad del libro y termina en Cristo, estrechó sus manos una vez mas nuevamente haciendo un camino angosto, desde la mitad del libro hasta Él.

Cuando el sueño terminó, al instante yo desperté, y queriendo contarle el sueño a mi esposa se me fue de la mente en un segundo, entonces oré al Señor y le dije: si este sueño es tuyo Señor Jesús, te ruego que lo regreses a mi mente ahora mismo, y al instante regresó a mi mente, y se lo conté a mi esposa, al terminar de contar el sueño, supe en mi corazón todo su significado, y le dije al Señor: Señor, ¿porqué me has hecho esto? Obviamente entendí que mi esposa tipificó a los miembros de la iglesia en Laodicea (la séptima edad) que estaban a punto de ser vomitados de la boca de Dios para siempre, mas escucharon su voz y abrieron la puerta siendo celosos y arrepintiéndose y el Señor los perdonó y los restauró ampliamente para que se puedan ir con Él en el día del arrebatamiento. Dije, ¿por qué me has hecho esto? Pues entendí que vendría a ser enemigo de toda las denominaciones y las iglesias que no son guiadas por el Espíritu, mas individuos saldrán de ahí y serán limpiados con la sangre del Cordero, mas los que no escuchen su voz serán vomitados de su boca, Amén.

Apocalipsis 3:14-22
El mensaje a Laodicea
14 Y escribe al ángel de la iglesia en Laodicea:
He aquí el Amén, el testigo fiel y verdadero, el
principio de la creación de Dios, dice esto:

15 Yo conozco tus obras, que ni eres frío ni
caliente. ¡Ojalá fueses frío o caliente!

16 Pero por cuanto eres tibio, y no frío ni
caliente, te vomitaré de mi boca.

*17 Porque tú dices: Yo soy rico, y me he
enriquecido, y de ninguna cosa tengo necesidad;
y no sabes que tú eres un desventurado,
miserable, pobre, ciego y desnudo.*

*18 Por tanto, yo te aconsejo que de mí compres
oro refinado en fuego, para que seas rico,
y vestiduras blancas para vestirte, y que no
se descubra la vergüenza de tu desnudez; y
unge tus ojos con colirio, para que veas.*

*19 Yo reprendo y castigo a todos los que
amo; sé, pues, celoso, y arrepiéntete.*

*20 He aquí, yo estoy a la puerta y llamo; si
alguno oye mi voz y abre la puerta, entraré
a él, y cenaré con él, y él conmigo.*

*21 Al que venciere, le daré que se siente
conmigo en mi trono, así como yo he vencido,
y me he sentado con mi Padre en su trono.*

*22 El que tiene oído, oiga lo que el
Espíritu dice a las iglesias.*

Apocalipsis 18:4
*4 Y oí otra voz del cielo, que decía: Salid de ella,
pueblo mío, para que no seáis partícipes de sus
pecados, ni recibáis parte de sus plagas;*

Entonces empecé a escribir este libro, mientras escribía el libro nos enteramos que grandes movimientos apóstatas se habían levantado en toda la tierra. El cristianismo que yo había conocido antes de entrar a la cárcel se estaba extinguiendo, parecía que en los años que había estado preso la apostasía final de la cual habla el apóstol Pablo en *2nd Tesalonicenses 2:3* se había finalmente desatado en toda su fuerza, un gran movimiento Católico Romano llamado G-12 puesto por Satanás en la mente de un cura Jesuita, "Josemaría Escrivá de Balaguer," había plagado toda la tierra.

Este Balaguer habiendo muerto muchos años atrás dejó su visión infernal predestinada a ser tomada en manos de otro perverso llamado Cesar Castellano, también surgió otro movimiento muy similar llamado el D-12 con Cash-Luna en Guatemala, Rony Chaves en Costa Rica y en Miami un gran apóstol de Satanás Guillermo Maldonado, estos y muchos más

132

por todas partes enseñan doctrinas de demonios por avaricia y ganancias deshonestas, supuestamente con poderes que vienen de Dios.

Inquietándome muchísimo esto, si en alguna manera el poder de estos hombres apóstatas podía tener algún efecto antagónico contra los hijos verdaderos de Dios, fui impulsado a investigar personalmente, y tomando a mis hijos y a mi hermano Alex, los cuales siendo cristianos, cubrí en oración, y oré de esta manera: Señor Jesús si este poder no viene de ti, no permitas que tenga efecto contra nosotros, y entrando a un culto que se estaba efectuando en la iglesia (El Rey Jesús) en el cual ministraba Guillermo y Ana Maldonado su esposa, los cuales teniendo a toda la congregación bajo un poder extraño, pues todos caían al suelo, al acercarnos pudimos observar que Guillermo y Ana Maldonado estaban rodeados de supuestos líderes los cuales eran muy agresivos, que mas bien parecían guarda espaldas de narcotraficantes, podía percibir que estaban dispuestos a obedecer cualquier orden violenta que fuese dada por esta pareja Maldonada, impía.

Enfilé a mis hijos y a mi hermano detrás de mí y me puse enfrente de ellos, y dando de frente con Ana Maldonado mientras Guillermo Maldonado ministraba a su lado derecho, ella comenzó a liberar con sus manos poderes para arrojarnos al piso y no pudo, y al no lograrlo se turbó, entonces ordenó a un ayudante que nos hicieran a un lado y le pusieran a otro grupo enfrente de ella, volvió y comenzó a liberar con las manos ese poder, mas el hombre que tenía enfrente no cayó, entonces ella desesperada viendo que el poder se había ido de ella, mandó que se le arrebatase al hombre la Biblia que tenía en su mano y la arrojaran con violencia contra el suelo, la cual pasó al lado de nuestros pies.

Volviendo ella a agitar sus manos para liberar ese poder, finalmente botó nuevamente a un hombre, y sabiendo que el poder había vuelto a ella, volvió a nosotros para hacernos caer, empezó a agitar nuevamente sus manos como los Dragon Ball Z y al no poder botarnos tratando muchas veces uno por uno, hasta agotarse, comenzó a dar pasos hacia atrás con los ojos desorbitados llenos de terror, entonces vinieron a su ayuda todos sus ayudantes, para que ejercieran el poder sobre nosotros, y no pudieron hacer nada, nosotros al ver lo que había sucedido comprendimos que verdaderamente era fuego extraño y con mucho temor, y tristeza nos fuimos de allí, comprobando que ninguno de los apóstatas tenía poder contra los verdaderos hijos de Dios, ¡Gloria sea al nombre de Jesús!

En esos días tuve intenciones de empezar a servir a Dios en Miami o Naples, FL, sin embargo el Señor vino en sueños a mí y me dijo: Vende todo lo que tienes no te detengas y vete, y puso a mis tres hijos delante de mí y me mostró Nicaragua. Al despertar le conté el sueño a mi esposa y a mi hijo mayor, momentos después se levantó de la cama en su habitación mi hijo menor y nos declaró que había tenido un sueño en el cual escuchó toda la noche: Vende todo lo que tienes, no te detengas y vete, entendimos que era el Señor que nos enviaba a Nicaragua, entonces hicimos un garage sell (un bazar) en la casa y vendimos todos los muebles, entregamos nuestro carro al banco y el carro de mi hijo Franco lo vendimos, compramos los pasajes y partimos a Nicaragua.

Nicaragua

Cuando llegamos a Nicaragua el 14 de junio de 2007, nos llenamos de alegría, aunque sólo había vivido los primeros dieciséis años de mi vida en Nicaragua y toda mi familia había emigrado a los Estados Unidos ya casi veinticinco años atrás y por esta causa no había nadie que nos pudiera recibir, ni donde trabajar, ni como empezar, sin embargo estábamos muy contentos de obedecer a Dios y estar en el lugar donde Él nos había enviado.

Era como un extranjero en mi propio país, con toda mi familia; mi esposa, mis tres hijos varones y yo, que ahora tenía que ver como los sostenía, todo tenía que ser por fe, ya que aprendí que la palabra de Dios no se vende, ni se puede adulterar, ni manipular en ninguna manera.

Al día siguiente de haber llegado a Nicaragua fuimos a ver a mi tío Roger Escoto, mi padre en Cristo Jesús, el cual ya tenía setenta y un años, y me quedé con el una semana en Acoyapa, Chontales. Después regresé a Managua en donde me hospedó una gran amiga de mi madre desde su juventud, Blanca Lucia Guerrero Zelaya. Esta mujer había sido víctima de Satanás por más de cincuenta años, había caído en alcohol, drogas y todo lo demás; ella ahora había tenido un llamado directo de Jesús el Cristo, ella había caído al suelo estando ebria y se había golpeado muy fuerte y estando inconsciente se vio yendo hacia el infierno por un camino donde escuchó la voz del Señor que le decía: Detente, que por ese camino no vienes hacia mí, ella despertó.

Siendo pues ella predestinada para escuchar la voz del Gran Dios y Salvador Jesús El Cristo, empezó a recibir vida a través de la sangre de Emmanuel, su vida comenzó a cambiar, el Señor la hizo libre del alcohol y las drogas, sin embargo Satanás había empezado una nueva trampa en su vida, pues los G –12 la habían alcanzado y ella les había abierto sus puertas por falta de conocimiento, mas cuando llegamos a su casa, le hablamos la palabra de verdad, la doctrina verdadera del Señor Jesucristo, ella enseguida reconoció la voz de su pastor el Señor Jesús, y renunció a seguir el engaño satánico de los G-12 (los encuentros) y se convirtió de todo su corazón a la doctrina del Señor y fue bautizada en el nombre glorioso de nuestro Señor Jesucristo en la laguna de Xiloa en Managua, Nicaragua.

Después de esto alquilamos una casa en Loma Verde en Managua. Empezamos a visitar iglesias para tener compañerismo, y para decepción nuestra nos dimos cuenta, vez tras vez, que ya se habían unido a la doctrina infernal de la súper prosperidad de los G-12 y los que no se habían unido estaban practicando las estrategias de la "visión" según ellos creían que no uniéndose al G-12 y solamente practicar las estrategias los iba a exceptuar de ser apóstatas, sin embargo esto los hacía doblemente apóstatas e hipócritas; todo esto lo hacían para hacer que sus iglesias crecieran y se llenaran de cabros, que diezmen y ofrenden y así culminar en una apostasía irreversible, fue terrible ver Nicaragua entregada al G-12. Casi todos sus pastores y líderes cayeron en apostasía y lo peor de todo era que estos líderes eran hombres de condición humilde, hombres que habían sido forjados por el Señor en diversas dificultades, guerras, pobrezas y tribulaciones y el Señor había hecho milagros en sus vidas y los había ayudado en diversas formas, mas ellos vendieron su ministerio a la apostasía por un plato de gallo pinto. ¡Oh fornicarios arrepiéntanse antes que venga el Señor! Unos con Maldonado otros con Cesar Castellano otros directamente con el diablo, todos estos proclaman mentiras, son enemigos de Cristo y están llevando miles de almas al infierno, ¡ay de ellos!, ya cayeron en las manos del Dios vivo.

Comencé a desanimarme aborrecí aun verlos, no podía trabajar en la obra de Dios con apóstatas. Empecé a gastar todo lo que tenía sosteniendo a mi familia hasta quedarnos sin nada, sólo comíamos gallo pinto tres veces al día y después de muchos días nos temblaban las piernas de debilidad. Hablamos a muchos para que salieran de la apostasía, muchos entendían pero ya estaban embrujados por los encuentros donde habían recibido fuego extraño.

Cuatro meses después de estar en Nicaragua llegamos a quedar sin como poder pagar el alquiler, parecía que no teníamos salida, sin embargo apareció cierto pariente ofreciéndonos una finca la cual tenía una casita muy humilde en condiciones precarias y por no estar acostumbrados a vivir de esa manera no pudimos ver que esa era la salida momentánea del Señor.

En alguna manera estábamos endurecidos, pues no queríamos estar más en Nicaragua, el lugar donde Dios nos había mandado, y nos fuimos sinceramente convencidos que nuestro trabajo en Nicaragua había terminado, decidimos partir para Guatemala, en busca de hermanos que no

135

estuviesen en la apostasía, al llegar allá mi hermano Alex Escoto desde Miami, FL nos comenzó ayudar económicamente en gran manera y así pudimos alquilar una pequeña casa y comer.

Nos dedicamos a hablar de Cristo a todo el que veíamos, entonces llamamos por teléfono a mi tío Roger en Nicaragua y lo invitamos a venir con nosotros a Guatemala y enseguida llegó, cuando él llegó nos dedicamos a buscar más de Dios e hicimos estudios bíblicos continuamente, tuvimos un gran refrigerio en el Señor.

Cuando llegó el nuevo año 2008 al no encontrar la forma correcta de proveer para mi casa según yo, tomé la mala decisión de irme a España en vez de regresarme a Nicaragua donde el Señor me había enviado.

Envié a mi familia a España vía Miami por American Airlines, yo me fui diez días antes que ellos por Iberia, salí de Guatemala haciendo escala en Panamá, y de Panamá a Madrid.

Cuando llegué al aeropuerto de Barajas tomé el Metro de Madrid y me dirigí a la calle Gran Vía en el centro de Madrid, la Milla de Oro, el lugar era extraordinario caminé hasta un hotel donde dejé las maletas y salí a ver la ciudad, lloré de tristeza al ver una ciudad Gótica llena de homosexuales y lesbianas.

Aun los que no eran homosexuales tenían el entendimiento entenebrecido eran como demonios encarnados, blasfemos, no se les podía hablar del Señor sin que ellos contestaran con una blasfemia, fuesen jóvenes o viejos tenían mentes de los hombres apocalípticos, sin afecto natural de los cuales la Biblia describe que así serían en los postreros tiempos, pensé, ¿Qué hago aquí en este lugar depravado? Prefiero regresarme a una choza en Centro América, pues el borracho más vil de Nicaragua tenía más temor de Dios que cualquier europeo, pero ya era tarde para mí, pues me había gastado todo en los pasajes de toda mi familia, y aunque teníamos boletos de regreso, ahora no teníamos como volvernos a establecer en Nicaragua, dado a esto sólo me quedaba buscar trabajo para sostener a mi familia, lo cual empecé a hacer de inmediato. Diez días después el 19 de marzo de 2008 llegó mi familia desde Miami, mi esposa y mis tres hijos.

Mi hijo Franco y yo recorríamos cada día las calles de Madrid en busca de trabajo, era muy difícil encontrar, pues no teníamos papeles de Europa, yo nicaragüense y él norte americano. En esos días conocimos a un pastor llamado Josué Valiente, pastor general de un ministerio cristiano en España, ministerio que procedía del Ecuador. Éste tenía como cuarenta iglesias alrededor de toda España bajo su cobertura, al conocernos nos invitó a comer a un restaurante al cual llegó con su esposa, desde entonces comenzó a vernos con frecuencia, nos estaba ofreciendo ayuda de todo tipo, contemplando la posibilidad de abrir una nueva iglesia con nosotros bajo su cobertura; empezamos a orar a Dios para conocer su voluntad, pues estábamos sin salida, no teníamos como continuar sobreviviendo económicamente, en tres días teníamos que ir a la calle, pues no teníamos como seguir pagando el alquiler.

Fuimos a comer a casa del pastor invitados nuevamente por él, mas el Señor nos contestó con una señal en sueños para que no nos uniéramos a ellos, y recordé que el Señor me había prohibido unirme a las denominaciones años atrás cuando yo estaba preso. Estábamos contra la espada y la pared, si nos uníamos a ellos vendíamos nuestra primogenitura como Esaú y comeríamos muchos platos de lentejas, mas si obedecíamos al Señor nos esperaba el parque llamado Arriaga en Ascao, Madrid.

Tomamos la decisión de quedarnos con Cristo y nos fuimos al parque, era el día de mi cumpleaños, estábamos todos; mi esposa, mis tres hijos, Flash mi perro y yo, pues habíamos salido con todo y perro desde Miami.

Hacía un poco de frío, nos encontramos una cueva de arbusto en el medio del parque y entramos en ella, pusimos unas frazadas en la hierva y nos acostamos, estando a oscuras empezamos a encontrar cosas; una bolsita plástica colgando de una rama como papelera, un reloj despertador y aun había una banca del parque que habían arrastrado dentro de la cueva. Entonces comprendimos que estábamos usurpando la cueva de un mendigo, de pronto se escuchó en el silencio profundo de la noche unos pasos constantes y firmes que se dirigían hacia la cueva, nuestro perro American Pitbull, comenzó a ponerse en posición de ataque, los pasos se acercaban cada vez más, cuando los pasos llegaron a tres metros de distancia, el perro ladró fuertemente, entonces pudimos ver desde la cueva, mientras permanecíamos ocultos, a un hombre africano con un gorro rastafari, él al escuchar el ladrido fuerte del perro se detuvo por un segundo y enseguida prosiguió caminando hacia la cueva, yo al ver que el hombre venía hacia nosotros y no se detenía, entonces rugí como un león con toda mi fuerza, entonces el hombre se echó a correr despavoridamente, nosotros conmovidos al ver al hombre correr aterrorizado, salimos de la cueva rápidamente, y los cinco con el perro le gritamos, ¡Come back!, ¡Come back! (regresa, regresa) él volteando al vernos corrió más rápido y se fue del parque. Entonces dejando la cueva nos acostamos en el medio del parque en el piso y en las bancas, el perro no durmió, el estuvo en guardia toda la noche, el frío se sintió más fuerte por la madrugada y nos obligó a despertar temprano, le dimos gracias a Dios y mi familia me felicitó por el día de mi cumpleaños (42 años).

Revisé mis bolsillos y encontré que teníamos un euro con setenta y cinco centavos, fuimos al supermercado (Día %) que quedaba a una cuadra del parque y compramos una barra de pan baguette por cincuenta centavos, un litro y medio de coca-cola genérica por cincuenta y cinco centavos y una barra de chocolate oscuro por setenta centavos y regresando al parque le dimos gracias a Dios por nuestros alimentos y desayunamos felizmente.

Muy tranquilamente nos sentamos a platicar de Cristo con un joven español que estaba por allí. De pronto apareció una mujer que habíamos conocido una semana atrás, ella nos dijo que el Señor le había dicho que viniera a visitarnos, y al no encontrarnos en el apartamento, yendo ella de regreso, pasando por el parque nos encontró allí. Al vernos que estábamos en la calle nos ofreció llevarnos a su casa, esto para nosotros era una gran bendición, sin embargo no teníamos como transportar al perro, pues en el metro de Madrid no permitían perros, solamente los perros de los ciegos (lazarillos). Entonces David mi hijo se puso unas gafas oscuras y teniendo al perro de la correa pasó en medio de los guardias que cuidaban el metro de Madrid disfrazado de ciego, y así pudimos viajar con el perro en el metro de Madrid.

Llegamos a un apartamento muy pequeño donde vivía esa mujer con su marido, su hermano y su cuñada, es decir dos parejas, nos acomodaron en la sala, nos colocaron muchas frazadas en el piso, el perro durmió bajo una mesa, él se portaba más prudente que un humano y no se movía.

Gracias al Señor descansamos bajo techo, ellos nos dieron de comer muy bien. Al día siguiente, nos estaban exponiendo con detalles su religión, pertenecían a una iglesia de rara doctrina, liderada por un hombre llamado Ricardo Claure en Bolivia, este hombre enseña que Bill Gate es el anticristo, y que el arrebatamiento es el 24 de junio de 2020, ni por un momento aceptamos estas cosas, no importándonos que pudiéramos ser sacados a la calle de inmediato les dijimos que estaban mal, que estas cosas no podían ser así, pues el Señor dijo, que nadie ni los ángeles, ni el hijo sabían el día ni la hora de su venida; ellos incómodos nos declararon que teníamos que buscar donde irnos y nos dieron una semana.

El Señor puso en nuestras manos un dinerito como consecuencia de mi cumpleaños que me fue enviado de Miami por mi madre, y aún faltándonos cien euros para el pago de una quincena de alquiler para un estudio cerca del centro de Madrid, uno de los hombres de la casa fue movido a misericordia y escondido de los otros nos regaló los cien euros para la primera quincena de alquiler.

Gracias a Dios el estudio estaba amueblado con camas y una mesa, el lugar estaba lo suficientemente equipado para nosotros poder dormir y comer. Cuando llegó la mañana siguiente estando en el estudio sin dinero no teníamos que comer, de repente tocó a la puerta la mujer que nos alquiló, con una caja de comida, preguntando si la queríamos, era un gran milagro, ya teníamos comida. Bendito y Fiel es el Señor nunca nos desamparó, su nombre verdaderamente es Fiel y Verdadero, Gloria sea a Él.

Comencé a buscar trabajo incansablemente, gracias a Cristo encontré rápidamente de camarero en menos de tres días, en un restaurante que quedaba a un costado de la Plaza Mayor, en la calle Cuchilleros, me permitieron trabajar sin papeles por algún tiempo. Comenzando a ponerse más difícil la situación contra los sin papeles, me tuve que ir.

Encontré trabajo en otro restaurante muy bueno llamado El Albardero en la misma calle, Cuchilleros Diez, este restaurante era nuevo y tuve la oportunidad de montar todo el sistema operativo del restaurante, el dueño Pepe estaba tan contento que cuando me tocó confesarle que no tenía papeles, no quiso prescindir de mi servicio, sino que me dejó.

Cuando vino el verano el restaurante se puso muy lento, todo la gente comía en la Plaza Mayor al aire libre. No habiendo mas trabajo en El Albardero, me propuse encontrar trabajo de camarero en la Plaza Mayor de Madrid, poco después lo encontré y empecé a trabajar en las terrazas de Casa Carmen en la Plaza Mayor.

Trabajaba doce horas corridas, de 12:00 AM a 12:00 PM, estaba ganando de noventa a cien euros diarios en propinas, más el salario base, el cual era mil doscientos euros mensuales, un total aproximadamente de tres mil doscientos euros mensuales entre salario y propinas, esto en dólares eran como cinco mil cuatrocientos dólares en ese entonces, pues el euro estaba mucho más fuerte que el dólar, a uno setenta de dólar por cada euro. Para mientras el verano duraba, con esto podíamos vivir tranquilos.

Mi hijo Franco comenzó a trabajar también de relaciones públicas en el mismo restaurante. David y Eric mis hijos menores empezaron la escuela en Madrid, poco a poco el afán del mundo nos fue enfriando en las cosas del Señor, nunca hubiésemos querido que esto hubiese llegado a ser así, mas ahora por causa de las circunstancias pensábamos mayormente en lo terrenal. El llamado del Señor iba quedando atrás.

Al cabo de un año regresó el invierno, Franco y yo nos quedamos sin trabajo, el frío nos estaba matando yo no lo podía soportar, nos afligimos mucho al no tener trabajo, teníamos temor de volver al parque.

En esos días, mientras estábamos afligidos sin saber que íbamos a hacer escuché en sueños una voz extraña que me dijo: "Yo te bendeciré, la bendición saldrá de ti mismo," al despertar pensando en el sueño, pude reconocer que era la voz de Satanás, pues dijo, la bendición saldrá de ti mismo, lo cual contradecía lo que el Señor me había dicho años antes, encomienda al Señor tu camino, confía en él y él hará, y también la palabra de Dios nos dice, nada podéis hacer sin mí, y toda buena dádiva y todo don perfecto viene de lo alto, el que la bendición saliera de mi mismo sería doctrina budista, es decir, el Yo, entonces renuncié a toda oferta de Satanás o supuesta bendición económica que pudiese ofrecerme el engañador; me imagino que así es como el engañador engaña a todos los apóstatas, haciéndoles creer que es el Señor el que les habla, y ellos teniendo un corazón adúltero se deciden a creer sus ofertas.

El frío comenzó a ponerse peor cada día, por esta causa decidí irme a una isla llamada El Paraíso de Europa (Tenerife) en las Islas Canarias, en cuya isla había un clima perfecto, turismo desmedido, trabajo en abundancia y el costo de la vida era aún más bajo que en Madrid.

Al llegar alquilamos un coche nuevo y en cuestión de dos horas alquilamos un piso (apartamento) muy completo, estaba totalmente amueblado, era idóneo para nosotros cinco, contaba con tres habitaciones, dos baños completos, sala, comedor, cocina equipada, dos balcones, era nuevo y de categoría, uno de los mejores de la isla, situado a diez minutos de la playa en coche, el supermercado quedaba al cruzar la calle, estábamos maravillados, parecía un hotel, el parque nos quedaba atrás del apartamento, situado en la zona más limpia y decente del lugar, la escuela de nuestros hijos quedaba a tres calles.

Comenzamos a dar gracias a Dios por habernos llevado allí, creíamos sin duda, que era el Señor quien nos había llevado. Encontramos trabajo a los pocos días, trabajábamos de relaciones públicas en restaurantes de lujo, éramos los anfitriones. Vestidos de traje y corbata recibíamos a los ingleses, daneses, suecos, franceses, italianos, rusos, alemanes, etc, pues era el paraíso de Europa.

Toda la isla estaba llena de turistas gastando dinero, paseando, comiendo, comprando, bailando, nunca habíamos visto tanta juerga desenfrenada en toda nuestra vida. Nos pagaban muy bien, pues ganábamos el equivalente a doce horas de trabajo y sólo teníamos que trabajar cuatro, verdaderamente era uno de los trabajos mejor pagados de la isla, se requería hablar Inglés y tener la capacidad persuasiva para llenar el restaurante tres veces consecutivas y así tener una venta aproximadamente de tres mil euros ($5,000) cada noche, cuando terminábamos nos daban de comer, escogiendo del menú, yo tenia mi dieta negociada de ante mano, sólo comía entrecot (sirloin steak) con papa asada y ensalada cada noche.

No nos volvió a faltar nada, teníamos todos los gastos cubiertos, pagábamos el alquiler de un carro nuevo un (Seat, León 1.9 turbo) comíamos como reyes cada día, nos deleitábamos en comer tartas después de la comida, tartas de queso, arándanos, chocolate, como si estuviéramos de cumpleaños siempre, sentía una gran satisfacción de poder mantener la casa holgadamente con solamente la ayuda de mi hijo Franco.

Los canarios dado a la depresión y el paro en España, estaban muy mal económicamente, lo nuestro era una excepción, los canarios me decían date con un canto en el pecho porque tienes trabajo. Mis hijos menores estudiaban en un colegio muy decente, con una educación excelente, todo estaba perfecto, para mí vino a hacer mejor que los Estados Unidos, dado a la abundancia que teníamos.

El Señor no tardó en dejarse oír, pues al cabo de un tiempo me empezó ha hablar cada día, pues cada vez que me metía a la ducha, para ducharme e ir a trabajar, Él me decía; Mammón, Mammón, cuando salía de la ducha le decía a mi esposa, el Señor me esta diciendo Mammón, Mammón, no lo puedo entender, Él sabe que esto es cuestión de trabajo, es trabajo honrado y limpio, porqué me estará diciendo el Señor Mammón, Mammón, sin duda el Señor me decía esto porque estaba cargado de afán y glotonería, y no lo estaba sirviendo a Él, estaba dedicado al dinero, que aunque no obtenía el dinero vendiendo y torciendo la palabra de Dios mi corazón estaba amando al dinero.

En esos días el Señor vino en sueños a mi esposa y le dijo, que Él nos enviaba a Nicaragua. Cuando mi esposa me contó el sueño, me puse muy nervioso, y le dije: ¡Quién sabe si ese sueño es de Dios! Si ese sueño es de Dios, Él me lo tiene que decir a mí y darme mil señales, pues ir a Nicaragua a morirnos de hambre sería algo terrible.

El tiempo siguió, la cosa estaba tan buena en Tenerife que llamamos a mi hermano Alex que vivía en Miami, para que se viniera a vivir a Tenerife con nosotros y él así lo hizo. En cuanto llegó le conseguimos trabajo y nos pusimos ha ahorrar, David y Eric también trabajaban los fines de semanas y las vacaciones, ahora podíamos ahorrar 3,000 euros ($5,000) mensuales, fuera de todos nuestros gastos de alquiler, de alimentación, gasolina y utilidades; me compré un Mercedes-Benz clásico que estaba como nuevo, con aros especiales, lo conseguí en precio muy bajo.

Al ver que podíamos ahorrar cinco mil dólares mensuales, es decir tres mil euros fuera de todos los gastos, y estábamos en tiempo de recibir los papeles de residencia en España, pues los daban después de los tres años de estar viviendo ahí; comencé a hacer planes de negocios. Sabía que obtener un restaurante alquilado nos produciría alrededor de trescientos cincuenta mil euros cada año, aproximadamente quinientos setenta y cinco mil dólares al año, esto nos podía llevar ha hacer ricos pronto.

Empezamos a trabajar incansablemente, éramos cinco trabajando, mis tres hijos, Alex y yo, vivíamos todos en una sola casa, con las condiciones perfectas para todos, no nos privábamos de nada, nos compramos todo lo que queríamos; la gente nos decía ¡máquinas! Ellos decían que éramos una máquina de hacer dinero, éramos los mejores en nuestro trabajo, los mejores pagados y solicitados en la playa de Las Américas en Tenerife. Sin embargo, había algo dentro de mí que me decía, ¿dónde vas ha estar cuando el Señor venga, que le vas ha decir al que te sacó de cien años de cárcel y murió por ti en la cruz del calvario? Este pensamiento recorría por mi mente casi todos los días, se hacía más intenso cada día, me decía: No puedo dejar al Señor por las cosas materiales que no valen nada, Él murió por mí, tienes que parar de vivir en este afán terrenal, que aunque orábamos y escuchábamos predicas por Internet todos los días, nuestro afán nos había cegado para no seguir la voluntad de Dios. Yo sabía que la atadura del amor a lo terrenal nos había minado, que aunque no teníamos riquezas, el sólo hecho de tener cubierta las cosas básicas del cuerpo nos tenía profundamente atados, pero había una profunda raíz de Cristo en mi alma, que no podía ser desarraigada.

Mi amor por el Señor no podía ser apagado, ni con las muchas aguas. Comencé con mi hijo Franco a clamar cada día mientras íbamos hacia el trabajo, clamaba con lágrimas, diciendo: Señor sácanos de aquí, libéranos de este afán del mundo, que se rompa esta atadura de nuestro corazón.

Yo sabía que sólo un milagro de Dios me haría renunciar voluntariamente a toda esa prosperidad material, y así poder sobriamente escuchar la voz de Dios y seguirlo otra vez, clamé, clamé y clamé, hasta que el Señor me mostró en sueños, una visión donde me vi en oscuridad sin poder hacer nada, detrás de un telón negro, de pronto me vi cruzando una puerta abierta de luz en medio de la oscuridad y me encontré en un prado lleno de luz, tenía un pasto muy verde, y en medio del prado estaba una gran roca, la roca era muy áspera, al instante me trajeron frente a la roca para que viera con claridad la aspereza de ella, donde se me dijo: **LA ROCA ESTA DONDE YO SIEMPRE LOS HE ENVIADO Y AHÍ, LOS HA ESTADO ESPERANDO**. Entonces comprendí que era Nicaragua donde él siempre nos había estado enviando repetidas veces por más de veinte años. ¡Bendito sea por siempre el Fiel y Verdadero que no me dejó en oscuridad y se digno ha hablarme para darme su guía otra vez!

Estando en el trabajo en mis últimos días en Tenerife parado frente al restaurante El Griego, en el Centro Comercial Safari, habiendo unos vientos muy fuertes huracanados, aproveché para clamar a Dios a gritos, pues nadie podía oírme, ¡Señor sálvame de esta condición espiritual de tibieza! En ese momento supe, que el Señor nunca me había mandado a España, que yo me había equivocado de camino, pues cuando yo me vi en Europa en el sueño de la historia de un joven que fue salvo por Jesús, no era porque Dios me mandaba, sino más bien que el Señor me había mostrado en el sueño lo que yo iba ha hacer, como cuando le dijo a Pedro que él lo iba a negar, mas Él le dijo a Pedro, vuelto a mí, confirma a tus hermanos, pues en mi sueño yo me vi frente a unos restaurantes donde dije, esto es mejor que Estados Unidos, esto parece Europa y al voltearme atrás viendo hacia mi derecha, fue entonces cuando vi, 3, 2, 1, bip...... "Esta es la historia de un joven que fue salvo por Jesús." Entonces comprendí, que en el sueño, yo me volví hacia Dios, y fue entonces cuando terminó este libro.

Renunciamos a todos los trabajos, dejamos de ganar el dinero, teníamos que regresar a Nicaragua, no importaba lo descabellado que pareciera dejar toda la prosperidad y regresar a Nicaragua, donde no tenía ni casa, ni carro, ni trabajo, ni quién me recibiera, pero Cristo ya había muerto por mí, y me había librado de cien años de cárcel, pues sabía lo que el Señor había hecho por mí, decidí cortarme las alas voluntariamente y obedecer el rhema: La Roca (la revelación, la voluntad de Dios para ti) está donde yo siempre te he enviado, Nicaragua. Sabía que iba hacer muy doloroso para mi carne, pero no podía permitirme ni por todo el oro de este mundo ni la gloria de sus reinos, dejar de ver el rostro del que murió por mí en la cruz del calvario, en su venida.

SI VEN SEÑOR JESÚS, TE ESPERO EN NICARAGUA